Ser feliz

Dulce Salles Cunha Braga

Ser feliz

365 pensamentos para tornar o seu dia **melhor**

4ª edição
1ª reimpressão

GUTENBERG

Copyright © 2020 Mário Salles Cunha Junior

Todos os direitos reservados pela Editora Gutenberg. Nenhuma parte desta publicação poderá ser reproduzida, seja por meios mecânicos, eletrônicos, seja cópia xerográfica, sem autorização prévia da Editora.

CAPA
Diogo Droschi

REVISÃO
Carla Neves

DIAGRAMAÇÃO
Larissa Carvalho Mazzoni

**Dados Internacionais de Catalogação na Publicação (CIP)
Câmara Brasileira do Livro, SP, Brasil**

Braga, Dulce Salles Cunha, 1924-2008

Ser feliz / Dulce Salles Cunha Braga. -- 4. ed. ; 1. reimp. -- São Paulo: Gutenberg, 2023.

ISBN 978-85-8235-383-7

1. Autoajuda 2. Conduta de vida 3. Devoções diárias 4. Felicidade 5. Inspiração 6. Pensamentos 7. Reflexões I. Título.

19-27426   CDD-128.3

Índices para catálogo sistemático:
1. Felicidade : Sentido da vida : Filosofia motivacional 128.3

Maria Paula C. Riyuzo - Bibliotecária - CRB-8/7639

A **GUTENBERG** É UMA EDITORA DO **GRUPO AUTÊNTICA**

São Paulo
Av. Paulista, 2.073, Conjunto Nacional,
Horsa I . Sala 309 . Bela Vista
01311-940 . São Paulo . SP
Tel.: (55 11) 3034 4468

Belo Horizonte
Rua Carlos Turner, 420
Silveira . 31140-520
Belo Horizonte . MG
Tel.: (55 31) 3465 4500

www.editoragutenberg.com.br
SAC: atendimentoleitor@grupoautentica.com.br

São Paulo, 17 de abril de 1994
Querida Dulce,

Na noite de rara felicidade do último dia 13, quando os convidados de Robert Schoueiri comemoravam alegremente o seu aniversário, você, em dado momento, perguntou-me o que era "Ser Feliz".

Pensando um pouco, respondi-lhe em poucas palavras o meu entendimento, e você, entusiasmada com a resposta, pediu-me que escrevesse o que havia dito e fizesse chegar às suas mãos, porque estava preparando um livro.

Dulce, aqui vai o que penso e sinto sobre o tema:

Ser Feliz

É nascer e crescer no seio de um lar bem-formado, templo sagrado da família.

É pertencer a uma família bem-constituída, onde o amor é o amálgama de sua união.

É casar e constituir a sua própria família e, a partir daí, ter nela o seu projeto de vida e dela cuidar com o mesmo amor que se aprendeu a cultivar desde o nascimento.

Por consequência, povo feliz é aquele que tem a família como célula mater de sua sociedade, e nação feliz é aquela que tem a ventura de ser constituída por um povo feliz. Essa nação existiu, existe ou existirá, não sei... Porém, sonhar é viver!

Gabriel Ricard Chuery

1º dia

Abra os olhos, respire profundamente o ar e solte-o sem pressa. Agradeça ao Senhor por estar respirando:

– Obrigado, Senhor, por mais um dia. Estou vivo!

Espreguice-se lentamente, movimentando todo o seu corpo.

– Obrigado, Senhor, pelos meus braços, mente e corpo perfeitos.

Agradeça ao Senhor pelo dia maravilhoso que tem pela frente. Você pode ver esse dia, pode senti-lo. Que maravilha!

Agradeça ao Senhor por tudo e sempre e

Será Feliz!

2º dia

Liberte a sua mente de tudo o que for negativo.

Pense positivamente:
– A vida é bela.
– Estou bem.
– Vou conseguir.
– Vou fazer.
– Vou realizar!

Coloque essas palavras na sua mente, mude sua atitude perante a vida, parta para a ação!

Pense positivamente e aja e
Será Feliz!

3º dia

Aprenda a aceitar o próximo como ele é.
Todos nós temos qualidades e defeitos.
Aprenda a conviver com os defeitos do próximo por meio do exemplo.
Aceite seu próximo como ele é e Será Feliz!

4º dia

Aprenda a trabalhar com ordem, paz, moderação e paciência.

Jamais recue perante o cansaço e as dificuldades.

Trabalhe com reconhecimento e alegria.

Considere uma honra desenvolver, através do trabalho, os dons que Deus lhe deu.

Aprenda a trabalhar organizando e Será Feliz!

5º dia

Viva o presente, o hoje, o aqui, o agora.

Viva o momento no relógio do tempo.

Viva uma etapa de cada vez.

Suba os degraus da vida de um em um.

Creia no seu presente.

Viva o presente e
>   Será Feliz!

6º dia

Com fé e confiança em Deus, seja jovem ou maduro, sua força aumenta.
Perca o medo de todos e de tudo, despindo-se da insegurança.
Com fé e confiança em Deus,
Será Feliz!

7º dia

Deus está no seu interior.

Com o coração livre de males, tudo o que de bom pedir será atendido.

Deus está com você.

Você está com Deus, que tudo pode e tudo dá.

Deus está no seu interior e você Será Feliz!

8º dia

Obrigações são para serem cumpridas.
Felicidade é para ser obtida.
Viva sua vida com senso de responsabilidade.
Sorria na hora de sorrir.
Fique sério na hora do dever.
As obrigações são para serem cumpridas.
E você, assim agindo,
    Será Feliz!

9º dia

Examine a realidade do seu ser e perceba os seus erros.

Peça a Deus para não voltar a cometê-los jamais.

Limpe-se da inveja, da ira, para não bater na tecla da infelicidade.

Examine a realidade do seu ser, perceba também as suas qualidades e Será Feliz!

10º dia

Retire os males que o afetam, todos frutos da falta de Deus.

Coloque o Senhor no seu coração.

Invoque o Espírito Santo, com sua sabedoria e onipotência.

Retire os males que o afetam: você verá que a fonte do bem jorrará e
Será Feliz!

11º dia

Para tudo o que acontece, entre o céu e a terra, há um tempo.

O que marca um tempo, bem ou mal-empregado?

Suas consequências: boas ou más.

É bom o emprego do tempo que favorece várias ou muitas pessoas.

É mau o que beneficia uma só pessoa, contrariando outras ou muitos seres.

Para tudo o que ocorre sobre a terra, há um tempo.

Empregue acertadamente o seu tempo e

        Será Feliz!

12º dia

Você que assume uma função pública deve ter, como elementos básicos, a humildade, muita vontade de trabalhar e um traçado de prioridades.

Se para qualquer trabalho essas qualidades são essenciais, para uma função do governo, esses dons são básicos.

Tenha muita vontade de trabalhar.
Assim, fará os outros felizes e
Será Feliz!

13º dia

Considere o perder com o significado de defrontar-se com seus limites.

De certa forma, é um aprendizado. Não tem do que se queixar.

Pense sempre em você como uma pessoa de sorte.

Agradeça a Deus não só o bem recebido, o ganhar; saiba também suportar e agradecer a perda.

Conheça suas medidas, aceite seus limites e

        Será Feliz!

14º dia

Em tudo na vida se deve procurar o verdadeiro, o de qualidade, o autêntico, o estável, o contínuo.

São frutos que devem ser essencialmente produzidos pela árvore frondosa da vida.

Sabendo saboreá-los e procurando sempre os de qualidade,
    Será Feliz!

15º dia

Nunca se chame de velho, e sim de maduro ou experiente.

Nunca fale de velhice, e sim de maturidade ou de experiência.

A passagem da fase adulta para a do amadurecimento não deve ser acompanhada da ideia de inércia ou de morte.

É mais uma etapa de vida de quem não ostenta já o mesmo vigor e capacidade de antes, mas que tem outros valores.

Sabendo encarar assim as transformações e nunca se chamando de velho, Será Feliz!

16º dia

Crise de identidade é a passagem da criança para o adolescente, do adolescente para o adulto e do adulto para o maduro, com modificações difíceis de serem aceitas.

O que faz a diferença entre estar num momento difícil ou não é a forma como se aceitam essas fases.

Aceitando com calma e bom senso as passagens das idades
Será Feliz!

17º dia

A idade do lobo ou a crise da meia-idade é aquela em que mulheres e homens apresentam transformações.

Muitas vezes as aceitam com paciência, outras com revolta.

A idade do lobo é de todos e passa por todos que chegam a essa fase.

Depende muito da sua maturidade aceitar a idade do lobo com paciência e assim

      Será Feliz!

18º dia

As limitações naturais devem ser encaradas como processos de vida.

Você, como todos, tem que aceitar seus limites. Aceite-os e

Será Feliz!

19º dia

Quer que o mundo caminhe com segurança, numa direção de paz, amor e perdão?

Pratique esses dons com paciência, falando criteriosamente, amando a Deus, a si mesmo e ao próximo.

Um dia, o mundo será de um caminho seguro e de muito amor, e você Será Feliz!

20º dia

Num relacionamento, não conte tudo. Não minta, mas silencie muita coisa.

Não diga ao outro que precisa ficar só, viajar só, que precisa encontrar o seu espaço.

O companheiro ou a companheira não deve nunca chegar a tal sinceridade.

Pense sempre em como fica a pessoa com quem vive ao ouvir que você está precisando de um tempo longe.

Usando muita paciência e falando ponderadamente
                Será Feliz!

21º dia

A paz é completamente possível aqui na Terra.

A tendência da alma é melhorar.

Não deixe que os desejos perturbem. Não permita que a vida mergulhe num caos.

O leme da alegria, da saúde, da paz deve ser mantido com mão firme.

A paz é completamente possível, e você

        Será Feliz!

22º dia

Procure perto de você e não longe aquilo que você deseja.

Pratique só atos serenos, sem ímpetos.

Vibre com a maravilhosa liberdade em paz.

Agregue um pouco de doçura à sua firmeza.

Use bom senso sempre.

Verá que Deus está em você, bem junto, bem perto, dentro do seu coração.

Procure perto de você aquilo que você deseja e
                Será Feliz!

23º dia

Não exagere nas promessas.

Não concentre em si mesmo muitas responsabilidades.

Compartilhe, na hora certa, as obrigações, caso contrário haverá sobrecarga que lhe fará mal.

É preciso cumprir todas as promessas.

Não exagere, pois, nas promessas e Será Feliz!

24º dia

Escoar energia negativa é sempre preciso.

Quando sentir a ira, a vontade de agredir, a violência crescer dentro de você, vá ao seu quarto e bata com força em travesseiro ou almofada dura. Ou então tome aos goles um copo de água ou guarde na boca um pouco de água.

Peça ao Espírito Santo que escoe a energia negativa, que lhe dê só as energias positivas e

    Será Feliz!

25º dia

Simplicidade é a melhor forma de transmitir conhecimentos. O certo é quando até uma criança pode entender.

Simplicidade no falar, no agir, no vestir, no comer é o ideal de vida.

Procedendo assim, sempre com simplicidade,
                Será Feliz!

26º dia

Há muralhas que precisam cair. A principal é o *egoísmo*, que divide homens, que separa as nações, que afasta tudo e todos do Criador de todas as coisas.

Sofremos hoje uma crise espiritual, uma seca sobrenatural.

Há muitas outras muralhas que precisam cair. Entre elas estão o medo, a ganância e a desunião: o medo de perder o que se tem, a ganância de querer cada vez mais e a desunião de não querer dar nem a mão ao próximo.

Pratique o amor e a união com o outro que deve ser considerado um irmão: as muralhas do mal cairão e você Será Feliz!

27º dia

Para fugir à mesmice das coisas, não queira ser muito extravagante.

Apague o fogo da ousadia demasiada, não mimetize a realidade, não conte mentiras.

Suas imagens que, quando conturbadas, parecem uma tempestade de flocos de neve, depois de despidas do exagero, se transformam em flores. Com o seu perfume, fuja do exagero e Será Feliz!

28º dia

Reserve um cantinho da casa para orar, meditar e examinar os acontecimentos da vida com profundidade e sensatez.

Em se tratando de inveja, ira, intriga e discórdia de outros que podem perturbar, deixe que esses males passem no tempo.

Pense na verdade do Senhor, na sabedoria infinita, medite em Deus dentro do seu coração, perscrute em seu mundo interior.

Reserve um cantinho da casa para orar e
        Será Feliz!

29º dia

Cada dia, vá em frente, aumente sua força de vontade, tenha desejos louváveis.

Não seja obstinado em caminhos que a vida lhe nega.

A flexibilidade muitas vezes lhe faz achar uma outra direção muito melhor que as buscadas.

Tudo precisa ser revisto e adaptado às necessidades do grande Senhor que é Deus.

Cada dia, vá em frente e
        Será Feliz!

30º dia

Não se engane. Passe tudo, pensamentos, ações, pelo crivo do bom senso.

Não se enrede nas malhas da ilusão, nem no entusiasmo dos impulsos fáceis.

Não se engane e
        Será Feliz!

31º dia

Busque a serenidade que advém do livre esforço de ser humano.

Busque a serenidade no fundo do coração.

Seja obstinado nessa busca da serenidade com palavras e ações, sementes que a mente recolhe e faz brotar.

A qualquer momento você pode serenar-se e

Será Feliz!

32º dia

Aprenda através da compreensão das pequenas coisas.

Aprenda a ouvir o que o outro fala, do começo ao fim. Não interrompa. Em tudo o que ouve, nas pequenas ou grandes coisas, sempre há algo de bom.

Aprenda a dar alegria ao próximo também dessa maneira, sabendo ouvir, sem comentários.

O outro se sentirá melhor a cada dia, e cada etapa será melhor para você.

Aprenda através da compreensão das pequenas coisas e
         Será Feliz!

33º dia

Nunca exagere, nem no falar, nem no agir.
Meça o tempo com prudência.
Meça os gestos com harmonia.
Meça as palavras com sintonia.
Fixe um pensamento bom e leve-o até o fim.
Nunca exagere e
　　　　Será Feliz!

34º dia

Você pensa que pode seguir vários caminhos. Quer tudo em todos.

Cuidado com a divergência das rotas.

Decida-se pelo que o tempo medido dá.

Quando for uma só etapa, que seja a do amor e você
                  Será Feliz!

35º dia

Procure e encontre a tônica do seu tempo.

Mesmo que ele aparente velocidade, esteja sempre em paz, sossego e calma.

Quanto mais excitado estiver, recolha-se e silencie.

Olhe o andar do relógio pelo menos por uns poucos minutos.

O tempo ensinará muito nesses momentos.

Procure e encontre a tônica do seu tempo e

        Será Feliz!

36º dia

Se o seu parceiro ofendê-lo, domine seus impulsos.

Silencie com o "o silêncio de Maria" ou "o calar de São José".

Tenha o tempo da paciência.

E do não falar.

Faça isso se o seu parceiro ofendê-lo e

      Será Feliz!

37º dia

Marque o tempo das batidas do coração.
Diga:
– Deus é amor.
Deus está no seu íntimo.
Com ele, nada, nem ninguém poderá fazer-lhe mal algum.
Marque o tempo das batidas do coração.
E com Deus-Amor
        Será Feliz!

38º dia

Não se pode agradar a todos.
Palavras e ações são criticáveis.
O importante é gostar muito do que se faz.
Procure fazer o melhor que pode sem querer ser o melhor.
O principal é agradar a Deus, o supremo Senhor da Terra e do céu, a justiça completa, a sabedoria perfeita.
Não se pode agradar a todos.
Agrade a Deus e
         Será Feliz!

39º dia

  Seja um sol irradiando luz a seu redor.
  Seja um sol que projeta a verdade que está atrás das aparências.
  Saiba aproveitar cada segundo.
  Sempre aquecido pela luz.
  Sempre iluminando e iluminado.
  Seja um sol que rebrilhe para todos e
         Será Feliz!

40º dia

Para desejar a reforma do mundo para melhor, é preciso primeiro querer a própria reforma para melhor.

E para tanto, se é certo que personalidade não se muda completamente, também é certo que se pode melhorá-la.

Para desejar a reforma do mundo, só sentindo-se assim. Trabalhe e
Será Feliz!

41º dia

Quando você se sente realizado, quando vê que não consegue ir mais para a frente, é sinal de que atingiu o limite de suas aspirações.

Se, de fato, sentir-se assim realizado, você
           Será Feliz!

42º dia

Não faça do seu tempo-trabalho um tempo amargo, um tempo-tristeza.

Faça do seu tempo-trabalho um tempo-alegria, um tempo-prazer, um tempo-vida integral.

Faça de todos os instantes do seu trabalho momentos de construção de vida e você

         Será Feliz!

43º dia

Faça de sua vida normal uma vida programada, organizando cada momento, como livros em bibliotecas.

Tenha seu cantinho também arrumado: suas roupas, poucas ou muitas, pobres ou ricas, dispostas em ordem.

Faça de sua vida familiar um programa bem-organizado.

Terá então a cabeça em ordem, e memória perfeita.

Faça de sua vida cotidiana uma vida programada e
                  Será Feliz!

44º dia

O tempo é vida.
A vida é uma palavra, uma palavra de amor.
A vida é de Deus, a vida é Deus.
Deus é amor.
Jesus Cristo nos deu o amor como 1º mandamento, o maior de todos.
Ame a Deus sobre todas as coisas.
Ame-se.
Ame ao próximo como a si mesmo.
Pense que o tempo é vida e
Será Feliz!

45º dia

Seja sempre a favor de sua vida, do seu jeito.

Assim como cada pianista lê a partitura de um jeito, cada ser é um ser, cada um é cada um e encara diferentes modos de viver.

Seja sempre a favor da vida e
Será Feliz!

46º dia

Seja você mesmo.
Há os que se levam a sério demais.
Para esses a vida não é nunca uma comédia.
Outros sabem que não vão dizer a verdade ao mundo.
Quanto a você, não se preocupe com o que o outro fala ou faz.
Seja você mesmo e
        Será Feliz!

47º dia

Cuidado com as drogas. Pouco a pouco, fica-se preso.

Com elas, a agressividade e a violência tomam conta de um corpo já doentio.

Estragam a vida, o talento, a espiritualidade.

Primeiro vem a morte da alma, em seguida a morte do corpo.

É difícil voltar a ser normal, sem a exigência das drogas.

Valorize-se, ame-se, não seja inseguro. Lembre-se que Deus está no seu coração e dá energia para tudo.

Cuidado com as drogas. Com elas, transforma-se em ser abjeto. Sem elas,
Será Feliz!

48º dia

Olhe-se todo dia no espelho e diga vinte vezes para si mesmo, mirando os próprios olhos: "Sou belo, elegante e muito amado". A repetição faz-nos crer no que dizemos.

Lembre-se de que as pessoas mais "sim" do mundo são os que vivem em paz, calma, sossego.

A finalidade desse momento, de preferência realizado pela manhã, é fortalecer o interior divino.

Olhe-se no espelho e acrescente: "Sou filho de Deus", "Sou uma criatura especial do Senhor" e
Será Feliz!

49º dia

Não se deve preocupar exageradamente, nunca.

O passado já se foi.

O futuro não se sabe se virá.

Só pense no momento atual, com alegria.

Não se conseguirá jamais aumentar um momento do tempo de vida, por mais que se esforce.

Erros podem ser corrigidos quando a paz invade a alma.

Faça tudo o que pode, o mais entregue a Deus, que ele sim tudo pode.

Não se preocupe exageradamente com nada e

Será Feliz!

50º dia

Só quando diminuímos os nossos erros é que a calma, o sossego, a paz invadem a alma.

Cada dia, ao acordar depois de agradecer a Deus por tudo, lembre os fatos do dia anterior e arrependa-se do que não deveria ter feito ou falado e que magoou o irmão.

Fazendo isso diariamente, vai melhorando, sempre mais e
Será Feliz!

51º dia

Quando a porta das facilidades se fechar, abra a janela da vida, mantenha a cabeça no lugar.

Veja a natureza, o Sol, as árvores, os pássaros; sorria com energia e comece a transformar o difícil que parece impossível em possível.

Enfrente a realidade com coragem, sempre atento quando a porta das facilidades se fechar e
>Será Feliz!

52º dia

Amar-se como Deus manda significa que, se você não se amar como deve, ninguém o amará como você deseja.

Não se trata de egoísmo, e sim do primeiro degrau para a doação.

Só amando a si mesmo é que se pode dar muito amor ao próximo.

Cumprindo o amor a si mesmo, fará o outro feliz e
        Será Feliz!

53º dia

A vida é curta para se fazer tudo o que se deseja. Mas a vida é longa quando não se encontra o que fazer.

A virtude está sempre no meio termo.

Não se impaciente. Não queira saltar os degraus da existência sem método.

Deus lhe deu muitos dons. Use-os.

Sua missão – curta ou longa – depende de você. Administre-a e
Será Feliz!

54º dia

Se possível, diga, ao adormecer ou acordar:
– Obrigado, Senhor.
– Obrigado, Maria, Mãe de Deus.
– Todos os dias, em todos os sentidos, estou cada vez melhor, com mais amor e mais perdão.

Repetindo muitas vezes essas frases,
Será Feliz!

55º dia

Habitue-se a não se deixar assustar com as dificuldades ao saber que o problema é seu e que você deve resolvê-lo.

Habitue-se a ouvir impassível os "não" em vez dos "sim", e a silenciar quando o atacam.

Habitue-se a não desistir de um trabalho, mesmo que seja árduo, e a perseverar quando contrariedades puserem em risco seus sonhos.

Habitue-se às dificuldades e
      Será Feliz!

56º dia

Você tem tantas coisas, por que pensar só nas que não possui?

Você sabe fazer tantas coisas, por que pensar só nas que não sabe fazer?

É melhor usar bem um talento do que desperdiçar dez.

A persistência da água que bate em uma pedra vai parti-la.

A mesma persistência faz abrir portas quando realmente se deseja algo.

Pense que pode fazer o trabalho necessário para vencer e
                Será Feliz!

57º dia

Debates que trazem assuntos políticos são necessários.

Debates de assuntos delicados nas famílias e nos relacionamentos também são necessários.

Silenciar o povo, não.

Silenciar os familiares, não.

Debates são importantes, mas use de prudência e paciência e
Será Feliz!

58º dia

Tolerância e perdão são duas grandes qualidades nos relacionamentos.
Até onde perdoar? Até o fim.
Onde o limite está? É uma questão de ter paciência para perdoar sempre.
Não idealize o outro, não faça dele um Deus. Todos nós somos seres humanos.
Tolere os pecados do próximo e Será Feliz!

59º dia

Ensine seu filho a crescer e a viver de maneira relativamente modesta, a tomar cuidado com o dinheiro, não o jogando pela janela.

Ensine seu filho a ser modesto e Será Feliz!

60º dia

Não conte ao próximo sobre o que não gosta em você.

Isso o fará discorrer sobre o tema e diminuirá sua autoestima.

A autoestima é imprescindível para se viver bem e cada vez melhor.

A autoestima aniquila a insegurança.

Não conte ao próximo sobre o que não gosta em você.

Com segurança, você
       Será Feliz!

61º dia

Para um bom relacionamento, é preciso que não haja nem ciúme selvagem, nem ciúme doentio, nem ciúme moderado.

A confiabilidade é básica – confiar sempre e mostrar que também é confiável.

Ao lado da confiabilidade, respeite o espaço alheio.

Não é fácil, mas nada adianta querer saber o que o outro faz longe de você.

Não tirar o senso de liberdade é fundamental.

Ser livre é o desejo de todos.

Confie no seu próximo com liberdade e com pureza de coração e
        Será Feliz!

62º dia

Caridade, como prega a *Bíblia*, é amor e é doação.

É preciso acostumar a criança a ter um cofrinho, uma caixinha, para guardar o dinheiro que seria para um chocolate ou um sorvete e que será dado para o menininho pobre que não tem cofrinho, nem dinheirinho, mas que gosta de tudo o que o menino abastado tem ou gostaria de ter.

Ensine a seu filho a alegria de dar.

Conte que ele tem Deus no coração e que esse Deus fica contente quando ele dá brinquedo usado, roupa consertada ou uma gulodice ao seu próximo.

Tenha o amor da caridade e
Será Feliz!

63º dia

A Terra ficou muito pequena.

Hoje, pela TV, se pode ver num momento o terceiro mundo e sofrer com ele, ao lado da alegria e da riqueza do primeiro mundo.

Você, telespectador, é um biocomputador pelo qual desfilam moda e modelo atuais e arcaicos, gestos de talento e audácia, mistério de descobertas feitas, reflexos de inveja e ressentimentos provincianos mesclados com ignorância e intolerância das elites.

Selecionando, analisando, limpando a alma suja dessa Terra que ficou pequena, este ser de descobertas múltiplas, que é você,

    Será Feliz!

64º dia

O Universo é infinito. O homem é finito.

Você não deve carregar para o futuro os erros do passado em lugar de viver o presente. Este tem problemas, mas há soluções.

Às vezes os mais difíceis conduzem à solução importante; outros sem solução produzem maturidade, segurança, sintonia e equilíbrio.

De todos os modos, persistindo na vivência do presente e considerando o erro cometido, você aprenderá e

Será Feliz!

65º dia

Cumpra a parte que lhe toca no rol das obrigações.

Pare para pensar, reflita com bom senso se dentro do seu destino está cumprida a missão que Deus lhe deu.

Além do trabalho normal para viver, veja se está fazendo algo para o seu próximo, para a natureza, para a vida.

Pense, medite, cumpra sua parte e Será Feliz!

66º dia

Bem-aventurado você que agradece um favor.

Bem-aventurado você que respeita uma boa ação.

Bem-aventurado você que ouve uma voz em pranto.

Bem-aventurado você que mostra, em vez de lágrimas, imagens brilhantes.

Bem-aventurado você que vive na bondade e na paciência.

Bem-aventurado você que sabe que com Deus no coração
   Será Feliz!

67º dia

Quando achar que teve ou está tendo uma vida boa, pense que foi você que a conseguiu, graças aos seus méritos.

Suas rugas e os cabelos brancos nada mais serão que a prova física das emoções vividas.

Pense que foi você que construiu a sua vida e
Será Feliz!

68º dia

Agradeça a Deus por você saber o que quer, o que pode e o que deve fazer.

Aprenda a conquistar o seu espaço.

Respeite o espaço do outro, seja ele qual for – relacionamento, filho, amigos.

O seu espaço, não permita que o invadam.

Nunca se permita querer algo sem complementar o querer.

Agradeça por saber o que quer, o que pode, o que deve fazer e
Será Feliz!

69º dia

Ajude outras pessoas: o bem retorna sempre.
É a lei do retorno.
Às vezes o bem não volta da pessoa a quem foi feito.
Mas volta de outra.
Pratique a caridade dando amor.
Ajude o próximo e
Será Feliz!

70º dia

Não transforme em verdade todas as sensações e emoções.

Saiba escolher.

Sempre é tempo de seguir o caminho da verdadeira verdade, que é a da sabedoria, da realidade, do bom senso, em lugar de viver emocionalmente inseguro.

Não se deixe levar pelas emoções. Não é bom, nem faz bem.

É um ímpeto, um sem pensar.

Pergunte-se: "É emoção, pé nas nuvens, ou realidade, pé no chão?".

Aceite-se e

    Será Feliz!

71º dia

Tenha um objetivo certo. Olhe para a frente.

Seja o que for o que está fazendo, fixe ao longe a finalidade de sua vida.

Não basta querer algo e obtê-lo.

É preciso complementar o querer com o poder e o dever.

Tenha um objetivo certo, a coragem de atingi-lo e

Será Feliz!

72º dia

Lembre-se sempre do texto bíblico: "Preocupações exageradas, não".

Faça apenas o possível, produza o que pode, não o que os outros querem exigir de você.

Responsabilidade, sim.

O sentido de ser responsável é muito importante. Mas faça-o naturalmente, sem se preocupar.

Faça sempre tudo o que puder, e o que não puder entregue nas mãos do Senhor e

      Será Feliz!

73º dia

Aprenda a elogiar quem merece e o que merece.

Reconheça as qualidades alheias e fale delas.

Um elogio dá muita energia a quem o recebe.

Aprenda também a receber um elogio. Discretamente, diga apenas obrigado e

Será Feliz!

74º dia

Você tem que prestar a Deus o dízimo do que possui.

Diga ao Senhor:

– Receba, Senhor, minha oferta.

– Não é uma esmola, porque não sois mendigo.

– Não é uma contribuição, porque não precisais.

– Não é o resto que me sobra que Vos ofereço. Esta importância, Senhor, representa meu reconhecimento, meu amor, pois, se tenho, é porque me destes.

Prestando a Deus o dízimo do que possui, você

Será Feliz!

75º dia

Observe seu corpo no espelho e diga:
– Sou uma criatura especial do Senhor.

Conhecer-se é o primeiro passo para a autoaceitação, tão necessária para a autoafirmação, de grande importância.

Observe-se, agradeça por tudo e Será Feliz!

76º dia

A formação é mais importante que a informação.

A formação diz respeito ao caráter.

Se você não formar a criança desde pequena, nunca mais poderá fazê-lo.

A informação diz respeito ao que se aprende em Ciências, Geografia, História.

É melhor ser bem formado, do que só bem informado.

Forme seu filho, seu aluno e
         Será Feliz!

77º dia

Restabeleça a percepção visual e musical, começando a ver a beleza do mar e a ouvir a voz de Deus nas ondas do oceano.

Comece a ver a beleza das plantas, das flores, ouça a música do vento e do canto dos pássaros, brilhe com as cores da natureza.

Saboreie na televisão tudo o que de bom e de belo a percepção visual e musical lhe dá e
Será Feliz!

78º dia

"**S**enhor Sonho" é a forma respeitosa de se dirigir às criações da imaginação, do despertar da fantasia, do respeitar o que amanhã pode ser uma realidade.

"Senhor Sonho" de hoje, de ontem, de amanhã.

Só em relação ao "Senhor Sonho" é que não se precisa usar só o hoje, o aqui, porque o Sonho é o mundo por trás dos pensamentos que podem ser usados no cotidiano.

Viva e respeite o "Senhor Sonho" e Será Feliz!

79º dia

Qual é o bem maior que temos?
É a vida.
Como viver?
Não com magia, nem só com sonhos, mas com a realidade.
Enfrentando as vicissitudes com alegria, empenhando-se em ter a cada dia menos defeitos, servindo de exemplo às pessoas com as quais convive. Assim, você
   Será Feliz!

80º dia

Organize o seu tempo. Sempre é tempo de organizar a sua vida, porque tempo é vida.

Tempo organizado é vida vitoriosa.

Aprenda a manter-se no ápice, pois custou-lhe chegar lá.

Caminhe sempre no meio entre o coração e a mente e, com o tempo organizado,

Será Feliz!

81º dia

Ansiedade deve ser relegada. Troque-a por desejo.

Deixe a ansiedade de lado.

Não se preocupe com ela.

A solução de seus problemas com discrição e certeza advêm também da sintonia de um tempo vivido com paciência, muita paciência e muito silêncio.

Nada de ansiedade e
    Será Feliz!

82º dia

Não se perturbe por nada.
Tudo passa. Só Deus não passa.
Deixe as coisas correrem sem preocupações, porque nada é eterno.
Não se perturbe por nada e
Será Feliz!

83º dia

O que o Espírito Santo dá como dons?

Sabedoria, inteligência, prudência, fortaleza, piedade, temor a Deus, aconselhamento.

Meditando sobre eles e tomando um para praticar a cada dia, estará com os dons do Espírito Santo e

Será Feliz!

84º dia

Não se apague para o mundo.

Seja uma luz brilhando, brilhante, para se iluminar e para iluminar o próximo.

Você pode. Você quer.

Você deve servir o outro com seus dotes.

Não se apague para o mundo e
Será Feliz!

85º dia

Cada vez que você está ao lado de um amigo a ouvi-lo, aconselhando-o, você se sentirá mais forte.

Pedindo as graças do Espírito Santo, você faz bem a você mesmo e ao outro, que estava precisando de um aconselhamento.

Você e o amigo ficam cada vez mais fortes. Você se sente bem ajudando o próximo e sendo por ele ajudado e Será Feliz!

86º dia

Quando estiver no meio de várias pessoas as mais diferentes, é preciso você ser você, inabalável, tranquilo.

Não se deixe envolver pelo tumulto. O tumulto não é de Deus.

Quando precisarem de sua palavra, peça internamente o aconselhamento direto do Espírito Santo e fale com muita tranquilidade e
Será Feliz!

87º dia

Será que você está acordado ou dormindo?
Não dá valor à vida? Como?
Só temos uma.
Reze para que Deus não tenha ouvido a leviandade que você fala e que faça você viver por muito tempo, sempre melhor, acordando para a vida e
Será Feliz!

88º dia

O esporte, quando praticado com vontade e com método, torna você mais organizado, com mais força de vontade para tudo.

Deve cultivar seu corpo e espírito com amor e carinho, para que sempre se aproxime da perfeição querida pelo Criador.

Quanto mais estiver no equilíbrio de corpo e mente, melhor será seu desempenho e mais energia terá em relação aos outros e

Será Feliz!

89º dia

Todos corremos na mesma pista: a da vida, a do tempo. Você é "companheiro de pista" de corrida.

Faz ou não faz uma corrida ou uma caminhada de crescimento. Mas o importante é crescer intimamente e lembrar-se de que todos corremos na mesma pista. Assim você
Será Feliz!

90º dia

Em cada um existe uma busca.
Em cada busca, um encontro com a vida, um encontro com a verdade, com a Verdade.
Em você existe uma busca.
Quando você a entender,
Será Feliz!

91º dia

Aprenda com sua própria vida, não para dizer aos outros "como fazer", mas sabendo que aquilo que é profundamente pessoal, é universal.

Aprendendo com a própria vida você servirá de exemplo aos outros e Será Feliz!

92º dia

É preciso fortalecer a si mesmo para conseguir algo. Essa é a filosofia da vida. Postar-se bem, ter firmeza para não perder a autoconfiança. Ter o pé no chão.

Obedecer às diferentes etapas da vida. Sem etapas não existe maturidade.

À medida que você transpõe as etapas, a sensatez, a simplicidade, a humildade, o autoconhecimento aumentam.

Quanto mais alto o nível de sensatez, mais humildade.

Quem tem pouco conhecimento se torna arrogante, o que é autodefesa.

Fortaleça-se e
     Será Feliz!

93º dia

Cada um tem que ter sua estrutura básica. Você valoriza a sua?

É um gigante adormecido. Você, como quase todos, talvez não procura a sua estrutura básica.

Pelé fez no esporte sua estrutura básica. Ele se autoestruturou.

Nisto está a diferença de indivíduo para indivíduo.

Quem tiver essa estrutura pode alcançar o que for e
        Será Feliz!

94º dia

Sua vida é realmente curta, mas, desde que possa lapidar-se, será ótima.

No dia em que se sentir responsável por si mesmo, pelo que de bom ou de ruim fez – já cresceu. Não adianta ninguém cobrar de você. A própria pessoa tem que cobrar de si própria o que é, o que tem, o que faz. É mais fácil acender uma vela do que maldizer a escuridão.

Lapide-se e
        Será Feliz!

95º dia

Olhe para cima. Atitude positiva. Pensamento positivo. Na violência só o pensamento positivo não resolve, mas ajuda muito. Faça estes exercícios:

- Diga: "Hoje é o primeiro dia da melhor etapa da minha vida".
- Com a luz acesa, diga: "Não simpatizo com este pensamento negativo". Apague a luz e sinta-o dissipar-se.
- Imagine os pensamentos e fatos negativos amarrados numa caixa levada de barca até onde está São Miguel, protetor contra o mal, para ser atirada no meio do mar, onde desaparecerão para sempre.
- Pense num pacote dos problemas atirados nas águas correntes de um rio para nunca mais voltar e

Será Feliz!

96º dia

Você existe agora.

O passado não existe.

O futuro não existe nem existirá.

Amanhã às 19h é agora, e não amanhã.

Só existe o momento do aqui e agora. É a realidade.

Nada mais existe.

Só Deus.

Relaxe o seu ser na presença do presente.

Retese todo o corpo e depois solte-se todo.

(3 vezes)

Você existe agora.

Levante o queixo, sorria e
      Será Feliz!

97º dia

Mostre mais amor a Deus rezando.

Mostre mais amor a você cuidando-se.

Mostre mais amor a seu irmão perdoando-o.

Seja amor e
>>Será Feliz!

98º dia

Não se deixe levar pela rotina.
Ela, às vezes, é precisa.
Mas é bom mexer-se um pouco, fazer coisas diferentes, até rezar diferente.
Por exemplo, pela manhã, ler os Salmos da *Bíblia*, de um modo especial os Salmos 90 ou 91 (os da Confiança), que afastam de você todos os males e Será Feliz!

99º dia

Para não se estressar e recuperar-se de traumas e desequilíbrios, tenha sempre em mente os seus limites que não podem ser ultrapassados.

Acentue sua capacidade de ver as coisas com alegria. Evite sobrecargas de todas as espécies e
    Será Feliz!

100º dia

Propicie para você momentos harmoniosos, agradáveis, curtidos em introspecção e num processo de interiorização de autoanálise, de mentalização.

Mentalize tudo de bem e de bom, o sucesso seu, dos irmãos, um país melhor e mais justo para todos, um mundo melhor.

Concentre-se só em coisas positivas.

Expanda sua visão otimista do mundo e

Será Feliz!

101º dia

Seja prudente; coloque as ideias em ordem, analise as coisas antes de agir, capte a essência do trabalho.

Se for algo pessoal, trate de verificar bem tudo o que lhe diz respeito.

Evite a dispersão de atividades demasiadas, faça uma coisa por vez, com prudência para realizá-la bem, e
Será Feliz!

102º dia

Seja estável, sem atritos nem tensões.

Relaxe, veja as coisas de modo mais amplo.

Tenha seus momentos de isolamento e reflexão necessários e restauradores para ser estável e

Será Feliz!

103º dia

Quanto mais otimista e confiante você for, mais penetrará alegria no seu interior.

Quanto mais tranquilo for, mais relaxado e mais desligado estará de preocupações de rotina.

Seja otimista, confiante, alegre e Será Feliz!

104º dia

Procure a solidão para ouvir a voz de Deus dentro de você.

Procure a multidão e lembre que Deus está em toda parte, em todos.

Só ou acompanhado, Deus sempre estará junto de você. Tenha isso em mente e

        Será Feliz!

105º dia

A melhor oração é a do perdão. Primeiro pedir perdão a Deus, depois a si mesmo, para se libertar de todo ressentimento.

Em seguida, perdoar a todos.

Em resumo, peça perdão e perdoe tudo e todos e
    Será Feliz!

106º dia

Irradie alegria, não só com palavras, mas com ações e atitudes.

O sorriso nos lábios vem do coração e faz bem a todos.

Está na *Bíblia*:

"Cultive a alegria" – que é a alegria do homem que torna mais longa a sua vida.

Afaste a tristeza para longe de você, irradie alegria e
>> Será Feliz!

107º dia

Ao acordar, espreguice-se completamente, agradecendo sempre ao Senhor e repetindo que está bem com a vida, protegido e guiado.

Ao levantar-se, vá repetindo que tudo é alegria, que tudo está cheio de vida e desde cedo você
Será Feliz!

108º dia

Nunca olhe para trás.
Sempre se projete para frente.
É a essência da vida e desse modo você

Será Feliz!

109º dia

Não viva só com uma pequena família.
Tenha bastantes amigos que constituam o seu patrimônio e você
Será Feliz!

110º dia

Frases que devem ser repetidas:
- Faça tudo o que pode. O resto está nas mãos de Deus.
- Desperte a sabedoria interior para uma vida melhor e
    Será Feliz!

111º dia

Peça a Deus todas as manhãs que lhe dê equilíbrio; todas as noites, que o ilumine com sua paz e, durante o dia, sempre que possível, reze em silêncio, pedindo bom senso para falar ou agir e Será Feliz!

112º dia

Seja humilde.
Não aceite a sensação de ser o centro do mundo e o coordenador do universo. Seja humilde e
Será Feliz!

113º dia

Aproxime-se dos seus objetivos com bastante entendimento e entusiasmo, o que lhe dará alegria e energia e Será Feliz!

114º dia

Seja sempre prudente, mesmo que não veja risco em nada.

A prudência é um dom sempre necessário.

Seja, pois, sempre prudente e
Será Feliz!

115º dia

Leve uma vida saudável, em que o culto do corpo seja uma terapia indispensável.

Mas lembre-se de que o culto do interior, do íntimo, deve conjugar-se com o do exterior.

Combine os dois numa vida saudável e

   Será Feliz!

116º dia

Descubra as coisas boas da vida. Aprenda a viver em harmonia com os familiares e
>> Será Feliz!

117º dia

Mude sempre para melhor e Será Feliz!

118º dia

Termine o que começar e Será Feliz!

119º dia

Lance fora de sua juventude suas indecisões e perplexidades e
Será Feliz!

120º dia

Respeite os dons do Espírito Santo e peça todos os dias o da sabedoria, que comanda todos os outros.

Há várias tonalidades de sabedoria: a do amor é a mais difícil, a que leva mais tempo para se adquirir.

Não queira repetir o erro dos que dizem "o amor não existe" porque não o conseguem adquirir.

Respeite o dom da sabedoria do amor e

        Será Feliz!

121º dia

Quando se sentir envolto na rede de emoções negativas, com as frustrações inevitáveis como consequência, substitua depressa seus sentimentos maus por paz, harmonia, cultivando a alegria pura e

Será Feliz!

122º dia

Engenhosidade e presença de espírito são características que devem ser usadas num diálogo.

Ouça as perguntas e as respostas do outro, converse naturalmente, permita mudar o rumo de sua prosa, fique tranquilo, dê tranquilidade ao próximo e

>Será Feliz!

123º dia

Participe!
Participe!
Participe!
Tome parte ao ver a alegria ou a tristeza do próximo.

Deus quer ouvir o som de sua voz, aplaudindo nos momentos de contentamento ou chorando na tristeza.

Participe e
         Será Feliz!

124º dia

Coragem!
Coragem!
Estimule seu lado mais aberto, generoso e expressivo.

Sinta-se vitalizado, transbordante de alegria de viver e capaz de enfrentar todos os desafios.

Seja particularmente agradável e divertido.

Crie condições de curtir melhor o hoje, aqui, agora.

Tenha bastante coragem para agir assim e
        Será Feliz!

125º dia

Desperte se espreguiçando e agradecendo ao Senhor por estar vivo e com saúde.

Estire todo o corpo para depois soltá-lo, relaxado. Faça algumas vezes esse movimento.

Ao mesmo tempo inspire o ar pelo nariz com pensamentos positivos e solte o ar pela boca, com todo pensamento negativo posto para fora.

Desperte agradecendo a Deus e Será Feliz!

126º dia

Ame, ame, ame.

Repita todos os dias que ama a Deus mais do que tudo, que está aprendendo a amar-se mais do que qualquer outro, que também ama o próximo com muito carinho.

Quando você realmente se ama, tudo na sua vida funciona.

Esteja disposto a começar a aprender a amar-se e
          Será Feliz!

127º dia

Você controla sua saúde ou seu restabelecimento com a sua mente com a força de sua mente.

Diga muitas vezes:

– Obrigado, Senhor.

– Obrigado, Mãe de Deus.

– Todos os dias, em todos os sentidos, estou cada vez melhor, com mais amor e mais perdão.

Diga e
> Será Feliz!

128º dia

Creia, creia, creia.
Acredite em você em primeiro lugar.
Não se preocupe com o que os outros esperam de você.
Tenha paciência com você mesmo.
Goste de você como você é.
Creia em você e
        Será Feliz!

129º dia

Toda vez que rezar o "Pai Nosso", pense que grande amor lhe tem concedido o Senhor, a ponto de você ser chamado filho de Deus.
Sinta a oração do Senhor e
Será Feliz!

130º dia

Seja útil.
Sempre que solicitado para um trabalho, ponha-se à disposição e faça o possível, o melhor que puder.
Não espere o agradecimento nem os aplausos, mas seja útil e
Será Feliz!

131º dia

Valorize tudo o que é seu, tudo o que é, tudo o que tem, mas principalmente a si próprio.

Veja os seus dotes internos e externos, os dons do Espírito Santo que possui.

Assim aumentará a sua autoestima, qualidade básica para se amar e para amar o próximo e
>Será Feliz!

132º dia

Comece algo e termine antes de começar outra coisa.

Assim, com disciplina, vá subindo os degraus de sua vida, terminando o que pode ser terminado.

Realize o momento presente.

Esgote sua possibilidade antes de entrar em rotas novas e
Será Feliz!

133º dia

O tempo é o grande mestre. Permita-se ouvir suas lições extraídas da *Bíblia*:

"Para tudo há um tempo, para cada coisa há um momento debaixo dos céus:
Tempo para nascer
e tempo para morrer.
Tempo para plantar
e tempo para colher.
Tempo para adoecer
e tempo para sarar.
Tempo para demolir
e tempo para construir.
Tempo para chorar
e tempo para sorrir.
Tempo para gemer
e tempo para cantar.

Tempo para atirar pedras
        e tempo para juntá-las.
Tempo para dar abraços
        e tempo para apartar-se.
Tempo para procurar
        e tempo para achar.
Tempo para guardar
        e tempo para jogar fora.
Tempo para rasgar
        e tempo para remendar.
Tempo para calar
        e tempo para falar.
Tempo para amar
        e tempo para desprezar.
Tempo para tumultuar
        e tempo para apaziguar".
Mentalize o valor do tempo e
        Será Feliz!

134º dia

Cada um é cada um.

Para tornar a vida na Terra melhor, só você mesmo, porque ninguém é outra pessoa, a não ser ela mesma.

Não queira apoiar-se em outro; não é certo.

A intenção de se apoiar na própria capacidade, de vencer as desilusões com sua própria força, é que lhe dá a certeza de que o próximo momento será um pouco melhor, assim como o mundo à sua volta será um mundo melhor e você

           Será Feliz!

135º dia

Você tem dentro de si mesmo todo o necessário para atingir a sua finalidade na vida, o seu objetivo.

Não pense que precisa de muletas emprestadas dos que o rodeiam para chegar lá.

Deus está dentro do seu coração.

Sua mente é forte, você conseguirá ser o que precisa ser.

Coragem! Você conseguirá o seu objetivo e
                Será Feliz!

136º dia

O silêncio é difícil de ser conseguido.

Freie-se, pense no "silêncio de Maria", nas virtudes que você possui, no seu desenvolvimento interno.

É preciso muito estímulo para modificar a própria vida.

Para melhorar um temperamento, dar-lhe mais sentido de paz, é preciso falar menos. É difícil, mas assim você Será Feliz!

137º dia

O melhor conselho é o exemplo de vida.

Olhe-se no espelho e veja refletida sua imagem.

Examine-se e veja se seus olhos estão iluminados pela pureza, seus lábios entreabertos pelo sorriso bom.

Em vez de aconselhar aos outros que mantenham os rostos na forma de harmonia, de paz, mostre-se você assim.

Os outros seguirão seu exemplo e você

    Será Feliz!

138º dia

Uma atitude tomada na hora certa será muito mais importante, muito mais eficaz do que palavras.

Deixe que sua alma controle suas atitudes; pense com toda naturalidade no bem que está prestando e
   Será Feliz!

139º dia

Não coloque o corpo acima do espírito.

Desligue as próprias antenas da terra para se elevar espiritualmente e Será Feliz!

140º dia

Na sua meditação diária, faça uma autoanálise calma, tranquila.

Pense no que fez no dia anterior, como pode agir ou falar melhor do que antes.

A meditação restaura as energias.

A autoanálise mentaliza melhores condições de vida para você e para a coletividade.

Faça a meditação e a autoanálise diárias e
>
> Será Feliz!

141º dia

Segredos para a longevidade:
Tenha muita força de vontade. Ela age no sistema imunológico e chega a prolongar a vida.

Mantenha-se ativo.

Se para tudo não há solução, para quase tudo há solução.

A utilidade de viver longamente consiste no ter força de vontade para usar bem o tempo. Seja ativo e
        Será Feliz!

142º dia

Encontre o lugar onde se localiza o puro amor, a autoaceitação, pois aí reside o Senhor Deus.

Compreenda que o importante é viver voltado para o interior, e não para o exterior.

Dentro de você está o valor, o amor, a autoafirmação, a autoaceitação, a autoaprovação, a segurança, a confiabilidade, a essência divina, Deus.

O Senhor, estando com você, tudo estará bem e você
          Será Feliz!

143º dia

A força da cura está no interior, num pensamento vigoroso, banhado da essência divina.

Aceite a ideia de que o padrão mental cria a doença ou a saúde.

Modifique sua vida, sabendo que sempre pode mudar sua existência para melhor.

Tudo o que você cria na mente, encontra em sua vida. Por exemplo: sintonia, fé, perdão. E
        Será Feliz!

144º dia

Em vez de usar frases negativas, repita muitas vezes que seu mundo é o Paraíso-Terra, criado por Deus para você.

Como os seres humanos em geral, você gosta de dominar os outros. Isso é negativo.

Medite sobre isso e pense em dominar você, seus impulsos, seu temperamento forte.

Só use frases positivas e
Será Feliz!

145º dia

Aprenda a resolver seus próprios problemas por você mesmo.

Tome em suas mãos as dificuldades que encontra na vida.

Há momentos em que as soluções mais importantes são as que se obtêm com o próprio coração. Compenetre-se disso e

Será Feliz!

146º dia

É importante conhecer o significado dos sentimentos.

Passa-se às vezes uma vida num plano em que se desconhecem as ilusões, as sintonias, a paz, o querer viver melhor.

Viva buscando o significado das emoções e

               Será Feliz!

147º dia

À s vezes é bom que haja alguém que o ajude, principalmente quando nada dá certo. Aceite singelamente a ajuda e

Será Feliz!

148º dia

A *Bíblia* insiste muito na perseverança.

O homem prudente na perseverança sabe esperar um novo momento para voltar ao tema, sabe compreender a mudança no tempo, sabe entender que até na prudência é preciso saber o momento da perseverança.

Persevere e
>   Será Feliz!

149º dia

Evite a competitividade que ameaça trazer atritos.

Não provoque hoje rupturas que amanhã só lhe trarão tristezas.

Pense melhor antes de falar.

Seja muitíssimo calmo e
        Será Feliz!

150º dia

Pense sempre se está cumprindo a sua parte.

É o mais importante.

Faça o próximo refletir se ele também está cumprindo a parte dele.

Assim você fará o melhor de seu trabalho e terá o melhor de sua vida e Será Feliz!

151º dia

Todos têm opinião própria. Você tem a sua, que não é necessariamente a verdade.

Ouça o que o outro diz, prestando atenção à frase, a você e ao próximo, exercitando o controle da paciência de ouvir. Assim você
Será Feliz!

152º dia

Pare e pense para decidir.
Jamais tome uma decisão com ímpeto ou de imediato.
A pausa no agir e no falar é importante.
Pense bem antes de dizer qualquer coisa e

      Será Feliz!

153º dia

Pense em como é lindo ouvir pela manhã o canto dos pássaros e agradeça ao Senhor.

À noite, na TV, num bom programa, ouça música, veja orquestras, bandas, cantores, aprecie tudo e agradeça ao Senhor.

E vem a dúvida: entre uns e outros sons, qual o mais belo?

São muitas as diferentes belezas.

Mas sempre será o mais belo o som que o coração precisa escutar.

E também será o mais belo o som que ressoar no coração e assim você Será Feliz!

154º dia

Viva o momento atual, sem ansiedade, com bom senso e prudência.

Pouco espere de fora para dentro.

O toque do coração, de dentro para fora, torna sublime a existência que o tempo traduz, faz você acreditar em si mesmo e ter autoafirmação. Com isso você

Será Feliz!

155º dia

Você sabe que a poesia é grande o bastante para conter temas eternos e universais que fazem bem à alma.

Os melhores poemas estão contidos na *Bíblia*. Do Eclesiastes, 30, vem no "Cultivar a alegria" a importância do sorriso:

"*Não entregues tua alma à tristeza.*

Não atormentes a ti mesmo em teus pensamentos.

A alegria do coração é a vida do homem e um inesgotável tesouro de santidade.

A alegria do homem torna mais longa a sua vida".

Cultive a alegria e
    Será Feliz!

156º dia

Suas preocupações devem ser abolidas. Tenha senso de responsabilidade, mas não preocupações exageradas.

Para não haver preocupações, é preciso crer nas próprias potencialidades e atributos. Assim você
Será Feliz!

157º dia

Você sabe que o medo é um dos piores inimigos da paz num lar.

Num relacionamento, o medo-ciúme pode estragar tudo, quebrar a fé e a confiança, seja de um ou de ambos os companheiros.

O medo é fruto da insegurança, da falta de confiança em si.

Desenvolva a autoestima, a autoconfiança, o autoconhecimento, a autossegurança e não terá ciúme e
Será Feliz!

158º dia

Sabe você que os livros de geriatras dizem que meia hora de sol por dia faz viver mais tempo.

As revistas para jovens dizem que assistir ao nascer do sol traz uma carga extra de energia positiva, para você enfrentar o dia com mais disposição.

Mas, em ambos os casos, use filtro solar e chapéu.

Aproveite os raios de sol e
      Será Feliz!

159º dia

Faça exercícios de respiração para aliviar as tensões, depressão, medos.

E ainda mais: para integrar a mente e o físico.

Inspire saúde e expire o mal que está em você e
Será Feliz!

160º dia

Abra a porta de seu coração para Maria, mãe de Jesus, entrar.

Abra a porta de sua casa para ela entrar.

Reze o Pai Nosso e a Ave Maria e peça a proteção da Mãe de Deus.

Ela lhe transmitirá alegria, luz, paz e muita segurança.

O maior presente que você ganha de Deus é a presença de Maria no coração e no lar. E com ela você
Será Feliz!

161º dia

Você conhece estes tempos da vida?

O que quero.

O que penso.

O que devo.

São tempos que podem ser simultâneos.

Mas não basta a vontade para torná-los realidade.

É preciso poder. Ou então obrigar-se a fazer, e assim você

Será Feliz!

162º dia

Você se queixa de seus defeitos.
Olhe em volta e verá maiores nos outros.
Sinta dentro de você as suas qualidades e
        Será Feliz!

163º dia

Tenha um otimismo inquebrantável.

Esforce-se por obter mais qualidades.

Seja perseverante no que faz.

Faça com que tudo corra bem, divertindo-se, não se preocupando e Será Feliz!

164º dia

Você deve ocupar seu próprio espaço. Não queira ocupar o espaço do outro nem deixe ninguém ocupar o seu espaço e
 Será Feliz!

165º dia

Você só se abre para um significado maior quando se define como filho de Deus, que é importância máxima da vida, o valor dos valores. Faça isso e Será Feliz!

166º dia

Não se deixe levar pelo espírito crítico.
Não fique julgando os outros.
Não queira criticar o irmão.
Analise a si mesmo.
Sendo para corrigir, trate de corrigir você mesmo e
      Será Feliz!

167º dia

Cobiçar e invejar é querer viver o destino alheio; é não ter segurança, nem autodomínio, nem autoconhecimento.

Agradeça a Deus os dotes que Ele lhe deu, alegre-se e aceite você como você é.

O máximo a fazer, em vez de querer ser o outro, é querer melhorar a si mesmo. Faça-o e
>   Será Feliz!

168º dia

Os pensamentos positivos dão todas as vantagens que você deseja, até sonhos-luz.

Certo dia, você, ao acordar, vê que há flores na janela e que ela se abre para o verde onde nasce, renasce e cresce a esperança.

Tudo o que há de positivo faz florir uma vida de luz e você
Será Feliz!

169º dia

Você tem um amigo?

Um bom amigo transmite alegria, luz, paz e muita segurança. Ele é o melhor confidente.

É o grande presente que se ganha de Deus!

Amizade é estar com alguém que se quer bem.

É respeitar as suas atitudes e ver-se respeitado.

Entre amigos, doar e receber é contínuo. Não se deve nada.

Tenha um bom amigo e
        Será Feliz!

170º dia

Quando você acorda cedo, depois de ter-se deitado cedo na véspera, fica bem-disposto, pronto a atirar-se com calma nos trabalhos do dia. Procure disciplinar-se nesses horários e
Será Feliz!

171º dia

Os Salmos da *Bíblia* são maravilhosos para serem lidos. É importante que um deles, o da Confiança, nº 90 ou 91, seja recitado todo dia, para libertar dos males e trazes benesses. E Deus diz:

"*Quando me invocar, eu o atenderei*
Na tribulação estarei com ele;
Hei de livrá-lo e o cobrirei de glória.
Será favorecido de longos dias
E mostrar-lhe-ei a minha salvação".
Invoque a força do Senhor e
Será Feliz!

172º dia

Quando tudo parecer triste, deixe rolar dos olhos uma lágrima, não de dor, mas de esperança, e mantenha nos lábios um sorriso. Assim espantará a tristeza e
>> Será Feliz!

173º dia

Você deve contar nos jardins as flores, nunca as folhas que caem. Isso é ter pensamento positivo. Aja assim e Será Feliz!

174º dia

Quando passar por uma fase de dor, em vez de ficar revoltado, lembre-se de que uma forma de crescimento é o sofrimento. Crescer é sofrer e assim Será Feliz!

175º dia

Quando não souber o que fazer, diga:
– Maria, vá à frente e mostre-me qual caminho a tomar.
E assim
        Será Feliz!

176º dia

Quando sofrer uma grande perda, não se revolte, lembre-se de que não se pode questionar os mistérios dos desígnios de Deus.
Reze e
Será Feliz!

177º dia

Frases de amor a Jesus, de amor a Maria, de amor a Deus, soberano, perfeito, justo, são formas que, repetidas, fazem você cada vez melhor. Use-as e Será Feliz!

178º dia

Quando tiver um verdadeiro relacionamento, saiba que ele é a energia, o lado positivo de sua vida, a própria existência. E
>   Será Feliz!

179º dia

Enfrente a vida de cabeça erguida, sem ter medo de nada.

Sem persistência e determinação, não se chega a lugar algum, não se atinge nenhum objetivo.

Mantenha-se de cabeça erguida e persistente e
>>Será Feliz!

180º dia

Não seja dessas pessoas que cultivam a melancolia e a depressão. Agradeça sempre por tudo o que os céus lhe concederam e lhe tomaram e Será Feliz!

181º dia

Quando tiver o suficiente de dinheiro para o que precisa, agradeça a Deus, sem alardear para ninguém e Será Feliz!

182º dia

Você ultimamente ouve falar muito dos anjos e vários livros foram escritos sobre eles.

Talvez não saiba que a oração ao anjo da guarda, tão conhecida e ensinada a todas as crianças, foi escrita por São Luís Gonzaga. Ei-la:

"Anjo de Deus, que sois a minha guarda e a quem fui confiado por piedade divina, iluminai-me, guardai-me, regei-me, governai-me. Amém".

Com essa oração e a proteção do anjo da guarda, você
Será Feliz!

183º dia

Você quase não ouve falar dos Sete Arcanjos, para os quais é importantíssimo rezar. Cada um deles previne de um mal e propicia um bem.

Eis a oração dos Santos Arcanjos:

"*Arcanjos de Deus, sete espíritos diante do trono divino. Vós que sois a emanação da vontade do Senhor, concedei-nos:*
a iluminação da consciência,
a orientação diante da vida,
o julgamento com benevolência,
a cura do corpo e do espírito,
a misericórdia diante de Deus,
a graça do amor divino,
a compreensão e o discernimento,
agora e sempre. Amém".

Com a proteção dos Arcanjos, você Será Feliz!

184º dia

No domingo, você reza para São Miguel Arcanjo:

"*São Miguel Arcanjo, protegei-nos no combate, cobri-nos com o Vosso escudo contra os embustes e as ciladas do demônio.*

Subjugue-o Deus, insistentemente o pedimos, e Vós, Príncipe da Milícia Celeste, pelo divino poder, precipitai no Inferno a Satanás e aos outros espíritos malignos que andam pelo mundo, para perder as almas. Amém".

(S.S. Papa Leão XIII)

Com a proteção de São Miguel, você estará livre das forças do demônio e

Será Feliz!

185º dia

Na segunda-feira, você reza para o Arcanjo Gabriel:

"*Santo Anjo da Anunciação, sagrado mensageiro de Deus, trazei-nos a mensagem celeste e cuidai para que compreendamos devidamente a palavra do Senhor. Fazei com que estejamos prontos e vigilantes quando o sinal do tempo chegar. Amém*".

Com a proteção do Arcanjo Gabriel, você poderá pregar a palavra do Senhor e

Será Feliz!

186º dia

Na terça-feira, você reza para o Arcanjo Samael:

"*Ó Arcanjo da Espada Flamejante! Vós, que exerceis a justiça de Deus, sede condescendente com nossas faltas, julgando-nos com benevolência. Que o fogo de Vossa espada purifique-nos da contaminação do Mal, libertando nosso espírito, para exercer o bem sem julgar o nosso semelhante. Amém*".

Com a proteção do Arcanjo Samael, você não julgará o próximo e Será Feliz!

187º dia

Na quarta-feira, você reza para o Arcanjo Rafael:

"*Salve Rafael, Arcanjo médico de Deus. Vinde em nosso auxílio. Derramai Vosso poder curador sobre nós, para que cada célula do nosso corpo seja carregada, novamente, de força vital. Que todo o nosso organismo se recupere com Vossa vontade e poder, curando o nosso corpo e espírito pela graça de Deus. Amém*".

Com a proteção do Arcanjo Rafael, você terá muita saúde e
Será Feliz!

188º dia

Na quinta-feira, você reza para o Arcanjo Zadquiel:

"*Grande Arcanjo de Misericórdia Divina, tende piedade de nós. Que Vossa bênção oculte os nossos defeitos, tornando-nos merecedores de Vossa complacência.*

Não olheis para os nossos pecados, mas para nossa fraqueza diante das tentações. Amém".

Com a proteção do Arcanjo Zadquiel, você terá sua consciência limpa e

         Será Feliz!

189º dia

Na sexta-feira, você reza para o Arcanjo Anael:

"*Grande Arcanjo, pleno de amor divino, enviai-nos a corrente transbordante de Vossa graça e amor, para que sintamos em nossos corações a chama ardente do verdadeiro amor universal que reflui sobre todos os seres e coisas existentes pela graça de Deus. Amém*".

Com a proteção do Arcanjo Anael, você terá Deus no coração, força na mente e

Será Feliz!

190º dia

No sábado, você reza para o Arcanjo Orifiel:

"*Ó grande Arcanjo que tendes a graça da presença de Deus! Projetai Vossa luz para o nosso discernimento e sabedoria.*

Junto com o saber e a iluminação, dai-nos a humildade e compaixão, para que possamos orientar e conduzir o próximo sem a imposição de nossa vontade. Amém".

Com a proteção do Arcanjo Orifiel, você terá a luz do saber, sem orgulho, com humildade e

Será Feliz!

191º dia

Você sabe quantas dezenas de orações à Nossa Senhora existem, quantas consagrações dirigidas à nossa Mãe são rezadas? Você gostará de dizer todos os dias, em nome de todas as Nossas Senhoras, que são a mesma Mãe de Deus, o

"Lembrai-vos, ó piíssima preciosa Virgem Maria, que nunca se ouviu dizer que algum daqueles que têm recorrido à vossa proteção, implorando a vossa assistência e reclamando o vosso socorro, fosse por vós desamparado.

Animado eu, pois, com igual confiança, a vós, Virgem, entre todas singular, como Mãe recorro, de vós me valho e, gemendo sob o peso dos meus pecados, me prostro aos vossos pés.

Não desprezeis as minhas súplicas, ó Mãe do Filho de Deus humanado, mas dignai-vos ouvir-me, propícia, e alcançar-me o que vos rogo. Amém."

E termine com as palavras para Cristo:

"Sagrado Coração de Jesus, confio em vós, creio no vosso amor por mim, venha a nós o vosso reino. Confio este pedido também ao vosso Sagrado Coração. Olhai para mim e fazer o que vosso Coração decida. Tenho confiança em vós. Sagrado Coração de Jesus, creio no vosso amor para comigo".

Seja discípulo de oração. Confie em Jesus e em Maria e
        Será Feliz!

192º dia

Lembre-se, ao receber uma frase dolorida, de que cada um é um, cada pessoa é como é e diferente de você. Você é diferente do outro.

As pessoas não gostam das mesmas coisas, não querem as mesmas coisas.

Aprenda a sorrir, sem responder nada, quando atingido por palavras más e, contente com você mesmo pelo esforço vencedor,

Será Feliz!

193º dia

Aprenda a conviver com a dor, sem cultivá-la.
Aprenda a aceitar a dor.
Sorria para a dor, e a dor sorrirá para você.
E você
        Será Feliz!

194º dia

Seja apaixonado pelo que faz.

Faça o possível para não quebrar as coisas materiais, principalmente as em que está trabalhando.

Mas tenha muito mais cuidado em não partir o seu coração. Isto acontece quando você rompe com as lembranças boas que devem ser guardadas. E assim

Será Feliz!

195º dia

Saiba que o bom humor é indispensável para começar o dia com bom astral. Até para trabalhar, dá muito mais disposição e inspiração. Vista-se, pois, logo cedo com o bom humor e Será Feliz!

196º dia

Para um bom relacionamento, é necessária a liberdade mútua, a consciência da liberdade, a liberdade sem âncoras que a prendam.

Também é preciso repetir que é necessária a confiabilidade, a confiança recíproca, sem ciúmes.

Assim o seu relacionamento é perfeito e você
   Será Feliz!

197º dia

Dê valor ao silêncio, necessário em muitas ocasiões.

Na realidade, ele é mais musical do que qualquer canção.

Reze todos os dias para ter "o silêncio de Maria", que é uma graça especial a ser alcançada. Com ele você
Será Feliz!

198º dia

Revista-se da armadura de Deus para que possa resistir às ciladas do demônio (*Bíblia*, Efésios) e manter-se inabalável no dever.

Tenha a cintura cingida da verdade.

O corpo vestido com a justiça.

Os pés calçados de prontidão para levar o Evangelho da paz.

Leve o escudo da fé, o capacete da salvação e a espada do Espírito que é a palavra de Deus.

Estando pronto, com a armadura de Deus, você

Será Feliz!

199º dia

Na vida, o melhor é saber ganhar ou saber perder?

O que você acha?

É preciso saber ganhar, como é preciso saber perder. Com dignidade.

Ganhe ou perca, mas com dignidade e

      Será Feliz!

200º dia

Você sabe que a dignidade é a sede do valor do homem. De que vale ter bens materiais e ser considerado um homem desprezível devido ao comportamento indigno?

Seja digno, honesto, respeitável, bom e

Será Feliz!

201º dia

As qualidades que dão alegria são as que estão sempre unidas ao amor. O amor é a principal fonte de alegria, carinho, paz. Ame e
Será Feliz!

202º dia

Luz de sol, luz de lua são as amadas por você que dá valor à luminosidade. Mas o importante mesmo é ter luz dentro de si e valorizá-la. Então você Será Feliz!

203º dia

Diga a você que o cérebro é a sede da alma ou que o coração é o seu centro; o que importa é o seu mundo interior, onde Deus reina. Torne isso verdade e

Será Feliz!

204º dia

Pense nos caminhos vários que a vida emprega para ensinar:

a solidão mostra o valor da convivência;

a agressão faz entender o valor infinito da paz;

o silêncio mostra a responsabilidade do que se diz;

a doença projeta o valor da saúde;

a morte dá o valor da vida.

Aprenda essas lições e
        Será Feliz!

205º dia

Faça relaxamento pelo menos uma vez por dia.

Para que você se reequilibre interiormente com repercussões no exterior, é essencial que analise a vida com maior serenidade, curta momentos de aconchego, evite situações constrangedoras.

Relaxar é viver mais.
Relaxe e
   Será Feliz!

206º dia

Arrume seus armários de roupas e de livros: estará arrumando também sua mente e

Será Feliz!

207º dia

Confie na sua inspiração e no seu sexto sentido orando.

Após uma oração, é o Espírito Santo que age por você.

Aproveite devidamente as oportunidades que Ele lhe dá e
>Será Feliz!

208º dia

Com a chave da harmonia você abre as portas do amor, da verdade e da justiça e

        Será Feliz!

209º dia

Com a chave do coração, você acolhe as críticas em silêncio, em paz e com paciência. Saiba usá-la e
Será Feliz!

210º dia

Não provoque a dispersão de suas energias e dos dons criativos. Mantenha sempre um comportamento firme e determinado e
Será Feliz!

211º dia

Lembre-se de você.

Aplique essa frase ao todo de sua vida.

Pense em muitas coisas, mas principalmente nos seus objetivos, em você, e

       Será Feliz!

212º dia

O mundo não é propriedade de poucos, mas de todos.
Todos devem ajudar a melhorá-lo.
Cumpra você a sua parte e
Será Feliz!

213º dia

Acredite mais, reze com mais fé e mais confiança e
Será Feliz!

214º dia

    Para progredir, você necessita de ordem, harmonia, tranquilidade e calma, no pensar e no agir. Ponha ordem e paz na sua vida e
                  Será Feliz!

215º dia

Você é responsável por tudo em sua vida.

O que você pensa sobre você torna-se verdade para você.

Criando paz, harmonia e equilíbrio em sua mente, vai encontrá-los em sua vida. E

    Será Feliz!

216º dia

Não diga: "Ninguém quer saber de mim. Ninguém me ajuda, por isso não ajudo ninguém".

Lembre-se de quantos arriscaram a vida pelo irmão, de quantos pensaram tanto nos outros. Faça o mesmo. Ajude o próximo, sem esperar retorno.

Deus vê tudo e o protegerá, e você Será Feliz!

217º dia

Valorize o trabalho. Veja na *Bíblia* quantas vezes ele é citado e como é elogiado.

Repita que o trabalho honesto é um dos maiores prazeres da vida. Valorize o trabalho e
>> Será Feliz!

218º dia

Há momentos em que é preciso trabalhar sozinho e outros em que o isolamento não é bom.
Precisamos da presença do outro.
Saber ficar só ou bem acompanhado é uma arte. Aplique-a sempre e Será Feliz!

219º dia

Você sabe que tem um tesouro?
É a energia divina que habita em você e com a qual pode fazer grandes coisas.
Cuide do que tem e
        Será Feliz!

220º dia

Mesmo que tudo pareça péssimo, vá em frente com pensamentos positivos. Creia que assim poderá diminuir os seus problemas e os dos outros e Será Feliz!

221º dia

Quando você tem amor para dar, há sempre alguém ou algo pronto para receber. Esteja sempre pronto para dar seu amor e

                Será Feliz!

222º dia

Não diga o meu, o seu.
Diga o nosso.
Falando assim, estará se rodeando de amor e
        Será Feliz!

223º dia

Para viver melhor, é preciso usar inteligência, força de vontade, alegria, harmonia. Tenha isso em mente e Será Feliz!

224º dia

Em qualquer idade, faça exercícios. Se você já é maduro (nunca diga velho), os melhores são andar a pé, de bicicleta e nadar.

Exercitando-se, você combaterá também a depressão e a ansiedade e Será Feliz!

225º dia

Quando você vir um amigo sofrendo, empenhe-se em socorrê-lo. Caso não consiga, peça ajuda a Deus. Ele não lhe há de faltar e você Será Feliz!

226º dia

Aprenda a sempre dar exemplos de bondade ao invés de atirar pedras no proceder do próximo e
Será Feliz!

227º dia

Saiba receber os ataques orais ou físicos, as agressões e as mentiras a seu respeito com o "silêncio de Maria" ou com o "silêncio de José". Não se magoe. Mas viva de tal modo que nunca esses ataques tenham razão de ser e Será Feliz!

228º dia

    Saiba aceitar bons conselhos que partam de quem tem a sabedoria de Deus.

    O dom do Espírito Santo, que é a sabedoria, é o maior de todos e ajuda você a escolher o caminho certo da vida. Respeitando a direção divina, você Será Feliz!

229º dia

Muitos são os problemas que você tem para resolver.

Não os deixe para um amanhã que pode não haver.

Comece já, procurando a solução de um.

De um a um os problemas serão anulados e você
         Será Feliz!

230º dia

Para garantir a luz no caminho das trevas, conserve sempre a sua luz acessa, iluminando o seu percurso.

Essa luz é a chama da fé e da confiança em Deus brilhando sobre você que, iluminado e refletindo-a,

Será Feliz!

231º dia

Você é você.
Ame-se e respeite-se.
Para não se incomodar com as agressões do mundo, sinta-se responsável, seguro, com muita fé e muito amor em si mesmo. Assim,
           Será Feliz!

232º dia

Lembre-se de que uma parte de nós é igual em todos.

Dentro de cada um há a essência divina que projeta todo bem e há a parte animal, fera, material, que, se não for fortemente amarrada, projetará o mal.

O amarrar se faz não com cordéis, mas com as fortes cordas dos dons do Espírito Santo:
- fortaleza
- sabedoria
- temor de Deus
- piedade
- inteligência
- prudência
- aconselhamento.

Deixe a essência divina agir em você e
Será Feliz!

233º dia

Tenha fé e confiança de que, unido à força divina que está em seu interior, com a mente forte, o pensamento dirigido a um objetivo certo, o coração limpo de pecados, sem inveja, sem ódio, você obterá o que quiser e Será Feliz!

234º dia

Você está angustiado, ansioso?
Há redutores de estresse que são excelentes, como:
- ficar calmo, sentado em silêncio durante 20 minutos;
- duas vezes ao dia, fazer exercícios de descontração, meditação, relaxamento;
- ouvir música, dançar, cantar, tomar banho de imersão com espuma ou massagens.

Desse modo, a ansiedade e a angústia vão-se embora e você
Será Feliz!

235º dia

Procure nunca sentir-se sozinho.
Lembre-se de que Deus está no seu interior.
Ouça a voz silenciosa do Senhor e Será Feliz!

236º dia

Lembre-se de que você colhe o que planta.

Semeie otimismo, amor, sintonia, confiabilidade, liberdade: você colherá alegria e

        Será Feliz!

237º dia

Não existe coincidência, tudo é providência divina.

Quando seu amigo, encantado por algo ter acontecido ao mesmo tempo, disser: "Que coincidência!", diga: "Não existe coincidência, é a providência do Senhor!".

Quanto mais lembrar o Senhor tanto melhor e mais você
Será Feliz!

238º dia

Não seja você daqueles que passam a vida sem viver, sem se conhecer e que só no fim da existência decidem ouvir suas próprias perguntas e procuram respondê-las.

Não faça isso.

Abra agora os olhos e se transforme radicalmente, enquanto ainda sobra um pouco de tempo e

Será Feliz!

239º dia

Pouco se consegue depressa.
Às vezes é preciso uma geração para conseguir mudanças.
Mas o que importa é que depressa ou lentamente algo de bom seja feito e assim você
         Será Feliz!

240º dia

Toda caminhada longa começa com um primeiro passo.

Devagar no começo, de degrau em degrau, logo você chegará ao fim.

Atingirá a meta e
        Será Feliz!

241º dia

É preciso saber enfrentar o sentimento de mágoa e de depressão.

É preciso aceitar-se no mundo em que se vive. O mundo não mudou. É o mesmo hoje e sempre.

Tem-se o direito de se sentir infeliz, de sentir dor.

É pedir demais a alguém querer que fique sempre bem.

Mas o que se deve buscar é que cada dia seja um pouco melhor que o anterior. Aja assim e
         Será Feliz!

242º dia

Abra seus lábios e cante o milagre do amor, porque só o amor aproxima as pessoas e faz com que falem a mesma linguagem.

Amor: quatro letras pequeninas, mas do tamanho do mundo, razão de ser da vida, essência da criatura.

Com amor no coração você
Será Feliz!

243º dia

Há um texto de inspiração bíblica muito importante, que você deve carregar sempre, como Oração da Armadura.

"*Obrigado, Pai, pela armadura que providenciaste. Eu me cinjo com o cinturão da verdade, revisto-me da couraça da justiça, calço as sandálias da paz e coloco o capacete da salvação.*

Levanto o escudo da fé contra os ardentes dardos do inimigo e tomo em minha mão a espada do Espírito, que é a palavra de Deus."

Decore esse texto e reze-o e
Será Feliz!

244º dia

Quando os filhos são pequenos, é fácil educá-los, conversando com eles.

Quando maiores, o diálogo, a educação é mais árdua.

Mas a oração familiar e o diálogo na hora das refeições compõem o verdadeiro quadro familiar e ajudam na educação dos jovens. E você, servindo de bom exemplo,
Será Feliz!

245º dia

Você anda preocupado imaginando o que os outros pensam de você?

Pode ser falta de autoestima.

Vá ao espelho, olhe-se nos olhos e diga: "Sou bom, filho de Deus, com os dons do Espírito Santo; sou calmo, equilibrado, tenho bom senso; eu me amo e Deus está comigo".

Repita isso todos os dias e
Será Feliz!

246º dia

Veja a sua realidade, que é bela.
Veja a realidade de Deus, que é belíssima, e cuja essência está em você.
A Deus, que o conhece completamente, peça auxílio, agradeça a sua força sempre e
        Será Feliz!

247º dia

Ao acordar e ao deitar-se, medite sempre uns instantes sobre a sua vida, o respeito que deve ter para com os outros, as decisões a tomar. E
Será Feliz!

248º dia

Acordou?
Pense, pela manhã, que você acordou não para ser o melhor, mas para fazer o melhor que pode, para dar uma contribuição maior à sua família e à comunidade.

Pense no que você pode dar para seu país e não no que o governo pode dar para você.

É o momento de dar e não de receber.

É a sua contribuição individual para o outro, para a família inteira, que é o seu mundo. Pense assim e
Será Feliz!

249º dia

No meio do dia e do movimento, guarde um momento de silêncio para sentir o seu renascimento como alguém determinado, que tem meta a alcançar.

Alguém que vai subindo, degrau por degrau, sem pressa, mas vencendo os obstáculos, dando sempre mais um passo para modificar e solidificar a sua vida. E assim
    Será Feliz!

250º dia

Respire fundo, inspire tudo de bom e expire, soltando com o ar, a parte má de sua natureza e
Será Feliz!

251º dia

Sinta-se cada vez mais maduro internamente, e cada vez com mais vontade de acertar.

Saiba ser mais importante e com desejo de melhorar.

Se é casado, não deixe o romance morrer.

Se é esportista, aprenda a perder e a levantar-se.

E assim
              Será Feliz!

252º dia

Toda vez que você tiver que dizer "Sim" e quiser dizer um "Não", relembre a Virgem de Nazaré pronunciando na sua juventude o "Sim" que marcou a sua existência e tornou-se grande, como sua própria vida. E reze:

"Ó Mãe de Jesus, no vosso 'Sim' livre e radiante, e na vossa fé operosa, tantas gerações e tantos educadores encontraram inspiração e força para acolher a palavra de Deus e para realizar a sua vontade.

Ó Mestra da Vida, ensinai os jovens a pronunciar o 'Sim' que dá significado à existência e faz descobrir o 'nome' escondido de Deus no coração de cada pessoa.

Ó Rainha dos Apóstolos, dai-nos educadores sábios, que saibam amar os jovens e fazê-los crescer, guiando-os ao encontro da verdade que os torna livres e felizes".

Aprenda com Maria a hora de dizer o "Sim" e

Será Feliz!

253º dia

Inspire fundo, conscientize-se de sua capacidade, do seu valor, mas não pense em assumir responsabilidade acima de suas possibilidades.

Esteja cônscio de suas limitações.

Entregue-se a Deus, que está no seu coração, e

         Será Feliz!

254º dia

Relaxe todo o corpo, da cabeça até os pés, e liberte-se da ansiedade.

Nada de pressa, como se estivesse no último dia de sua vida.

Você, pensando no tempo, sente que desperdiçou muitas horas de sua vida e que já é tempo de recuperá-las.

Liberte-se da ansiedade de querer correr e terá uma correta marcação de tempo.

Hoje é hoje.

Sinta-se livre, desafogado e
      Será Feliz!

255º dia

Calma! Não tema a dor interna ou externa. Mantenha a calma. Repita muitas vezes:

"*Obrigado, Senhor,*
Obrigado, Mãe de Deus.
Todos os dias, em todos os sentidos, estou cada vez melhor, com mais amor e mais perdão".

Assim, você
Será Feliz!

256º dia

Quer viver mais e melhor?
Lembre-se de não pensar em nada negativo.
Reviva frases com amor e perdão. Ressurja para uma vida nova, de otimismo. Repita:
"Cristo que viestes procurar quem estava perdido, tende piedade de mim. Cristo que viestes dar a vida, em resgate dos homens, tende piedade de mim. Obrigado, Senhor, estou me sentido melhor. Sei que vivo melhor. Sei que revivo em Deus".
E assim você
   Será Feliz!

257º dia

O que você dá, recebe.

O que você pensa, torna-se verdade.

O seu mundo é o Paraíso, criado por Deus para você.

Crie sintonia, paz e alegria em sua mente e você as encontrará em sua vida.

O que você pensa sobre você, sobre sua vida, torna-se verdade. Compenetre-se disso e
        Será Feliz!

258º dia

Mais um exercício repetitivo:
- O amor é o maior tesouro.
- Deus é amor.
- Deus está em meu coração.
- Nada nem ninguém pode fazer algo contra mim, porque Deus é amor e está no meu interior.

Repetindo essas frases de amor, você vai dando amor aos outros e recebendo amor dos outros.

Afinal, o amor é o mais forte dos sentimentos.

Os demais sentimentos vão e vêm.
O amor permanece. Ame e
Será Feliz!

259º dia

Quando estiver com um problema insolúvel, peça conselho a alguém, procure o parecer de uma pessoa qualificada. Duas ou mais cabeças pensam melhor do que uma só.

A consulta não retira a responsabilidade pessoal; ajuda a tomar uma decisão mais ponderada, menos impulsiva. É o que a prudência aconselha.

Talvez você tenha o seu diretor espiritual, um sacerdote com quem periodicamente conversa. Esse apoio também é de boa ajuda.

Caso ninguém resolva o seu caso, feito tudo o que pôde, entregue o problema nas mãos de Deus e

Será Feliz!

260º dia

Para ter paz, pense amiúde no perdão que vem ligado ao amor. A paz interior completa-se quando todos os dias, em síntese, você repete:

"*Meu Deus, perdoai-me; eu também me perdoo. Perdoo todos os meus familiares e peço-vos que eles me perdoem. Perdoo meus amigos e empregados e peço-vos que eles me perdoem*".

Se lembrar de alguém de um modo especial, coloque-o na oração. O Senhor garantiu expressamente a sua misericórdia e o seu perdão desde que perdoemos aos que nos ofendem.

Não duvide do perdão de Deus, confie na sua misericórdia, perdoe, e Será Feliz!

261º dia

Você precisa descobrir-se, saber o que há de mais fundo no seu coração e amar-se.

Começará então a compreender os outros, a confiar neles e a amá-los, porque amando-se, amará o próximo, compreendendo-se, compreenderá o outro e confiando em si, confiará no irmão. E assim

Será Feliz!

262º dia

Você precisa ser um ser completo, não dividido; sempre positivo, não negativo; seguro, animado, de autoestima e autoconfiança plenas. Então
Será Feliz!

263º dia

Quanto mais amor e perdão você tem, mais e melhor funciona sua vida em todos os níveis.

O amor e o perdão são capazes de curar até doenças graves.

Vivendo o amor e o perdão você Será Feliz!

264º dia

As emoções causam os seus principais problemas. Por exemplo, o ressentimento, a cobiça, a culpa e o medo são emoções negativas. Em geral, são formas de culpar os outros e de não assumir a responsabilidade pelas próprias experiências.

Liberte-se dessas tensões, lembrando-se de que Deus está sempre em você, dando-lhe forças para apagar as culpas do passado e perdoar a todos, inclusive a você mesmo. Dessa forma você

Será Feliz!

265º dia

Há vocábulos que devemos eliminar, por exemplo, a palavra "tentar". Ela é negativa. É não acreditar que o que se deseja irá realizar-se. Substitua o "tentar" por "estou trabalhando". Estou trabalhando para conseguir isto ou aquilo.

Assim, confiante de si mesmo, você

Será Feliz!

266º dia

"**S**e Deus quiser" é uma expressão negativa, porque o "se" exprime dúvida. Deus sempre quer, quem atrapalha é você mesmo.

Substitua essa locução por outra, por exemplo:

"Com a graça de Deus", estou bem; "com a graça de Deus", farei o que penso ser o melhor.

"Com a graça de Deus", você tem a certeza da ajuda de Deus e
         Será Feliz!

267º dia

Repita todos os dias que se ama, se aceita e se aprova, exatamente como é – e verá que tudo vai bem.

Amar o eu é importante.

Amar a si mesmo também quer dizer não se criticar, ter grande respeito por você mesmo e gratidão pelo milagre de seu corpo e de sua mente.

Pratique a autoaceitação, autoaprovação, autossegurança, autovalorização, autoconfiança no aqui-agora e
Será Feliz!

268º dia

Deus apoia cada pensamento bom que você tem.

É importante o subconsciente acreditar nas coisas perfeitas que Deus, a cada dia, cria em você.

Tenha só pensamentos positivos, acredite que Deus vai realizá-los e Será Feliz!

269º dia

Ame-se cada dia mais.

Olhe-se no espelho, agradecendo ao Senhor por ser você quem é, aceitando-se exatamente como é.

Aos poucos, você se irá sentindo melhor, cada dia melhor, curado externa e internamente, com saúde na mente, no coração e no corpo.

Se não conseguir libertar-se dos problemas é porque está amedrontado, inseguro, com necessidade de ser protegido.

Ame-se, que se libertará e
Será Feliz!

270º dia

Atrás de seu aborrecimento há sempre um problema oculto. É efeito de um mal interno, que se esconde quase sempre sob falsa aparência. Descubra a causa verdadeira de seu aborrecimento e

Será Feliz!

271º dia

É tão fácil mudar a sua vida.
Basta aprender a amar-se.
A base de todo problema é não se amar e criticar-se por tudo.

O perfeccionista não é o que quer ser cada vez mais perfeito, e sim o que quer ser tão perfeito quanto o outro. Esquece os seus dons, as suas qualidades, vendo apenas seus pretensos defeitos. Estes quase sempre não existem.

A frase mais perigosa na autocrítica e que manifesta desamor é "eu não sou bom o bastante". Dissolva essa frase e estará curado externa e internamente e

Será Feliz!

272º dia

Fale de si o melhor que pode com consciência, compreensão e conhecimento.

Não se sinta sem valor (autovalorize-se) e sem amor (o amor por si é a primeira chave de todos os valores humanos). E
   Será Feliz!

273º dia

Você tem três casas: a física, a mental e a espiritual.

É preciso cuidar das três: limpar, arrumar.

Quando todas estiverem esvaziadas do medo, do negativismo e fortalecidas com a autoestima e a autovalorização, você terá tudo o que quer e
Será Feliz!

274º dia

A sua vida é reflexo do que você pensa. Aquilo em que você acreditar se torna verdade.

Se você tem um problema, ele é reflexo de seu pensamento.

Lembre-se: o pensamento pode ser modificado. Tenha então sobre você apenas pensamentos otimistas e
          Será Feliz!

275º dia

Você quer ter uma vida alegre?
Tenha pensamentos alegres.
Quer uma vida próspera?
Tenha pensamentos de prosperidade.
Quer uma vida de amor?
Tenha pensamentos de amor.
Tudo o que se joga para o exterior é devolvido de um modo igual.
Fique longe de pensamentos que criem problemas, doenças e sofrimentos e

        Será Feliz!

276º dia

Reconheça a sua responsabilidade na criação de uma situação.

Reconheça também o poder do seu interior, que transforma cada pensamento em ação.

Se quer ver resolvidos os seus problemas, comece resolvendo as pequenas coisas que, somadas, levarão à solução maior, e assim
    Será Feliz!

277º dia

Sua vida é composta de etapas.

Muitas vezes, quando você não consegue fazer, dizer ou afirmar certas coisas, é porque etapas anteriores devem ser cumpridas.

Tenha humildade para aceitar essa contingência e tranquilidade para ir vencendo cada etapa a seu tempo, e Será Feliz!

278º dia

Caiu? Levante-se!

Procure andar sempre em direção a seus objetivos mais ricos interiormente.

Um passo após o outro na sucessão dos dias, e a vida lhe mostrará os seus sucessos.

Caiu? Levante-se e
Será Feliz!

279º dia

Quando você perde um ente amado que estava fazendo muita obra boa e que tinha ainda muito a realizar, pergunte-se: "Quem sabe não era para completar aqui na Terra a sua missão, mas sim lá do outro lado?".

E acrescente:

"Quem sou eu para discutir os mistérios dos desígnios de Deus? Deus é o Pai e o ente amado está ao seu lado".

Deixando nas mãos do Senhor aquilo que você não pode discernir,
Será Feliz!

280º dia

A *Bíblia* fala do homem velho e do homem novo.

É preciso que você se desembarace das necessidades do homem velho e, liberto, tenha a disposição de viver a vida nova, que o transforme e desenvolva. Assim,

        Será Feliz!

281º dia

Hoje você é adulto, mas tem ainda dentro de si uma criança que precisa ser confortada.

Seja carinhoso com você mesmo, comece a se aprovar.

É disso que a criança de seu interior precisa para se expressar no seu potencial mais alto, e assim você
Será Feliz!

282º dia

Abriu a janela?
Hoje é um dia maravilhoso!
E Deus o fez assim para você.
Tudo está bem no seu mundo que é o de Deus, que é o da natureza.
Veja a magia das flores saindo dos tufos verdes. Como é bela a natureza!
Decida imitar a natureza que é de Deus, e você
        Será Feliz!

283º dia

Não diga "se", diga "quando".

Em lugar de dizer "se eu for presidente", diga "quando eu for presidente".

O "se" exprime dúvida, e você não tem que estar dividido entre o "sim" e o "não". Tem que estar certo de que vai conseguir e

Será Feliz!

284º dia

Os orientais usam de um método que você pode e deve copiar para aliviar a raiva represada: dar murros no colchão, travesseiros, almofadas ou superfícies duras, descarregando as tensões e as emoções do seu corpo e alma. Adote essa prática, livre-se da tensão e você
    Será Feliz!

285º dia

Viva ao máximo o momento presente.

Não deixe o passado prendê-lo, pois ele é fonte de mágoas.

O passado é passado e não pode mais voltar.

O perdão também liberta do passado, fazendo-nos esquecer o que se foi.

Fortalecido pelo perdão, viva o hoje e você

Será Feliz!

286º dia

A autoaprovação e a autoaceitação correspondem em parte a se desprender das opiniões dos outros.

É um passo para as mudanças positivas.

Comece com a aceitação e a aprovação do que existe dentro de você.

A boa saúde começa com o amor a si mesmo, que envolve o aceitar-se e o aprovar-se.

É milagroso o modo como pode dar vida a seus desejos. Perceba isso e Será Feliz!

287º dia

Cada um é um, com sua própria natureza.

Somos todos irmãos, todos filhos de Deus, mas fomos feitos para ser diferentes.

Não faz sentido nem a comparação nem a competição.

Compreenda que veio à Terra para cumprir uma missão que é só sua e Será Feliz!

288º dia

Exercício tão útil quanto o da aceitação é o de enxergar o próprio merecimento.

Diga que merece ter o que tem, ser como é e que se reconhece e se aceita assim.

Há muitos caminhos que você pode explorar. Saber qual é o que mais lhe convém só depende de você.

Reconhecendo-se e aceitando-se, você crescerá e
        Será Feliz!

289º dia

O seu mundo é o Deus que, com todo amor, cuida de você, agora e sempre.

Comece o seu dia com muita alegria e agradecimento.

A alegria cura até doenças e prolonga a vida.

Transforme o processo diário da vida em prazer e alegria, sorrisos e risos.

À noite, durma em paz, sabendo que o Senhor está no seu coração e tomará conta de tudo para o seu mais alto bem. E assim você

Será Feliz!

290º dia

Ao tomar seu banho, cante as melodias de que mais gosta ou esta quintilha que você já decorou:
*"Obrigado, Senhor,
Obrigado, Mãe de Deus.
Todos os dias, em todos os sentidos,
Estou cada vez melhor,
Com mais amor e mais perdão".*
E assim
Será Feliz!

291º dia

Você quer mudar os outros?
Modifique-se primeiro.
Mude seus padrões e descobrirá que os outros também mudam os deles.
Não adianta acusar ninguém.
Seria perder sua força, sem a qual não realizará mudanças pessoais que sirvam de exemplos aos demais.
Modifique-se, se achar necessário, sem se preocupar se o outro se modifica ou não e
 Será Feliz!

292º dia

Compare a vida a um tabuleiro de xadrez onde os lances têm que ser bem estudados.

As peças precisam movimentar-se corretamente.

Acredite que suas jogadas serão corretas e que você ganhará a partida. E assim

   Será Feliz!

293º dia

O que é um erro?
Significa que você tem mais para aprender.
Se algo não saiu como você desejava, ou se não está sendo bem-sucedido no início, trabalhe mais, para acertar.
Faça do erro e da imperfeição uma força para seu aprimoramento e assim Será Feliz!

294º dia

Você sempre trata de verificar se seu carro está em boas condições.

E quanto a você? Você é muito mais importante que seu carro.

Não basta, porém, um mero exame clínico: veja se seus freios cerebrais estão perfeitos.

Não se esqueça da fera que habita seu interior e que precisa estar enjaulada, amarrada, para que você se mantenha equilibrado e para que a essência divina, que também está em você, lhe garanta a perfeita saúde do espírito. Assim, você
          Será Feliz!

295º dia

Antes de querer salvar o mundo, você precisa salvar-se por dentro, recarregar de energia o seu campo astral, iluminar-se por inteiro.

Não seja água parada e pesada, como o Mar Morto, mas sim uma água da vida, como o Rio Jordão, que recebe e distribui as águas. Purificado e salvo, você se fará mensageiro da salvação e Será Feliz!

296º dia

Você é você e ninguém ou nada mais do que você.

Sinta-se uma pessoa boa, incrível e maravilhosa. Um ser especial do Senhor.

Empenhe-se em ocupar o seu devido e merecido lugar no mundo, com bom humor, carinho e inteligência.

E assim
         Será Feliz!

297º dia

Fazer elogios sinceros e recebê-los é muito importante, nunca é demais repeti-los.

Congratulações são presentes de prosperidade.

Ao receber um elogio, diga apenas "obrigado", sem rodeios de que não o merece, pois isso desaponta quem elogia e deixa você em posição de inferioridade.

Saiba também fazer elogios justos e sinceros sempre que as oportunidades se oferecerem e você

Será Feliz!

298º dia

O mundo é duro só para quem não trabalha.

Trabalhe, crie, invente e verá como as coisas dão certo e você
Será Feliz!

299º dia

Faça todo dia uma reparação a Maria pelas ofensas recebidas e diga:
"*Tu és o sol, a luz de nossa vida.*
Tu és a Mãe, Senhora Aparecida.
Maria, Maria! Mãe de Jesus, nossa Mãe e nossa advogada, que desponta sempre como aurora brilhante".
Diga-lhe:
"*Obrigado, Maria! Perdão, Maria!*"
E com a sua bênção, você
Será Feliz!

300º dia

Na vida tudo se supera.

Cada um de nós tem seus problemas.

Por isso, você, com seus problemas, não é mais infeliz nem vítima do que ninguém.

Console-se, pois, e
　　　　　Será Feliz!

301º dia

De cada etapa da vida, extraia alguma coisa e descarte outras.

Assim é a jornada da vida. Faça-se bom garimpeiro e
Será Feliz!

302º dia

A vida é uma festa. Quando você não participa dessa alegria, alguma coisa não vai bem em você.

Mude seu estado mental. Sinta-se convidado dessa festa e
        Será Feliz!

303º dia

Curta a amizade, o carinho e Será Feliz!

304º dia

Agradeça aos Céus por você ter bom senso, ser gentil e criativo, dotes que são sempre essenciais, e
Será Feliz!

305º dia

Aprenda a sorrir enquanto fala. Tudo muda e o mundo fica cor-de-rosa, e você
Será Feliz!

306º dia

Aprenda a ouvir de boca fechada. Depois fale, mas pouco e sobre o que ouviu.

Verá como você será mais apreciado, o bem-estar se espalhará a sua volta e você
>> Será Feliz!

307º dia

Mande mensagens amigas que expressem sua alegria de viver, sua amizade, expondo seu coração com Deus.

Fazendo-se mensageiro da amizade e da alegria, você
Será Feliz!

308º dia

A alegria é pedra básica da vida. Não perca jamais a alegria da criança ou do adolescente e saiba também compreendê-los. E
        Será Feliz!

309º dia

Para amadurecer sem amargura, acredite num país melhor, mais justo, num relacionamento mais solidário e Será Feliz!

310º dia

Acredite no próprio valor. A cada dia tenha a percepção de uma força nova e de um autorrespeito sempre maior e

Será Feliz!

311º dia

Ande! Ande! Qualquer que seja sua idade.

Assim não precisará fazer dieta rigorosa para perder o excesso de peso.

Andar, além disso, mantém baixos os níveis de pressão e colesterol, reduz o risco de ataque cardíaco, de derrame, favorece o sono, relaxa e melhora o astral.

Basta andar uma hora por dia, cinco dias por semana.

Se precisar de mais uma razão para começar a andar, consulte seu médico para um exame completo.

Ande! Ande! E
Será Feliz!

312º dia

O seu caminho é a sua rota, levando as emoções humanas da juventude para a maturidade.

A vida é curta. Não dá para se retornar e apanhar o que se deixou cair.

Esqueça alguma sensibilidade largada na estrada e olhe o que lucrou com seus esforços: a sua própria personalidade. Para aperfeiçoá-la sempre há tempo. Lembre-se disso e
Será Feliz!

313º dia

Devemos confiar naqueles que são melhores do que nós. Por exemplo, no amigo que diz: "Não pode haver economia onde não há eficiência".

Aprenda com quem tem mais experiência e a quer repartir, seja eficiente, econômico e

Será Feliz!

314º dia

O caminho do sucesso começa com os degraus do estudo de si mesmo, da autoanálise, autoconhecimento, autoafirmação, autossegurança, autoestima, autoconfiança, autoaprovação.

Termina ligando sua mente, limpa de pecados, firme no seu desejo de união com Deus que está no seu interior, Deus que tudo pode e que tudo lhe dará, e você

Será Feliz!

315º dia

Tenha uma vida de hábitos simples, apoiada inteiramente na união da família.

Deixe-se sempre guiar por Deus, com o amparo da Virgem Mãe de Deus e de São José, protetor da família.

Aplique em família o "cultivar a alegria", preconizado na *Bíblia*.

Assim, na companhia de Deus e com a simplicidade e a alegria da vida em família, você
          Será Feliz!

316º dia

Seja solidário com todos com quem convive: você progredirá e a sociedade também.

Só pode haver verdadeiro progresso quando existe um profundo sentido de solidariedade entre todos.

Compenetre-se disso, seja solidário e

Será Feliz!

317º dia

A mulher veio, aos poucos, conquistando seus direitos.

A sociedade teve um grande progresso com a ampliação dos direitos femininos.

Hoje, a mulher, independente e livre, precisa dosar a sua vida, para não exagerar na sua liberdade.

Tudo na vida precisa ter um meio-termo.

Empenhe-se em alcançar sua posição de equilíbrio e estará contribuindo para a paz e o equilíbrio da mulher, mãe, esposa, filha, e

Será Feliz!

318º dia

Cuidado!
Não se brinca com os sentimentos de uma pessoa.
Respeite-os.
Cada pessoa é mais ou menos sensível e mais ou menos vulnerável a palavras ou atos que chocam em diferentes graus.
Cuidado! Respeite a sensibilidade do outro e você
      Será Feliz!

319º dia

Respeite sua natureza e tudo o que ela significa.
Seja claro e sincero consigo mesmo.
Não se preocupe com o que o outro faz. O caminho que o outro trilha não é o seu.
Respeite-se e
 Será Feliz!

320º dia

Querendo alcançar coisas demais, você pode sentir que está perdendo tudo ou só ganhando problemas.

Coloque o bom senso ao lado da ambição e as pequenas coisas ao lado dos sonhos grandiosos.

Não é oito ou oitenta que resolve. No meio está a virtude.

Pratique essa verdade e você
Será Feliz!

321º dia

Assim como música é música e reger com o coração e não com o cérebro é a forma mais sensível de fazê-lo, também rezar de todas as maneiras é rezar, contando que se tenha profunda fé em Deus, que se obedeça quando Ele diz para não se preocupar. O Senhor toma conta de tudo. Preocupação e fé não combinam.

Ignore os problemas; ao invés de cultivar ódio e depressão, tenha fé, que é sem dúvida a melhor prática de pensamento positivo, e você
Será Feliz!

322º dia

Há muitas maneiras de servir a Deus. Você tem muitos dons. Reflita naquele em que você é melhor. Pense: se Deus lhe confiou esse talento, é seu dever usar esse dom para servi-lo, assim como a você mesmo e ao próximo.

Se esse dom é o da arte, respeite-se ao praticá-lo, lembrando-se de que toda arte é uma glorificação de Deus e que todo artista está mais perto de Deus.

Se o dom for o da ciência, agradeça em seu trabalho científico a Deus que lhe deu a força da técnica para o progresso.

Seja qual for o seu dom, empregue-o para servir a Deus e
Será Feliz!

323º dia

Guarde só amor e perdão no seu coração.

Ódio pode levar ao enfarte.

Aprenda a perdoar a tudo, a todos e a você mesmo.

Afinal estamos no mesmo barco, procurando todos um pouco de remanso.

O perdão e o amor são fontes de vida. Tenha-os no coração e você
Será Feliz!

324º dia

Abasteça as baterias da alma, invocando Maria, que é o pronto-socorro das emoções.

Peça a ela o "silêncio de Maria", que lhe permitirá dosar o entusiasmo com muito bom senso; desenvolver energias que redundarão em trabalhos produtivos; manter a cabeça no devido lugar; ter calma, fé em Deus, em si e no próximo. Assim, você
Será Feliz!

325º dia

Nada se poupa em nome da fantasia nos desfiles de moda de Paris onde estão os jornalistas do mundo inteiro e onde fotógrafos buscam a melhor imagem.

No desfile da sua vida – onde você é o costureiro, a manequim, o traje, a passarela e o público – você é responsável por todos e pelos pormenores.

Cuidado! Muito cuidado! Vida é tempo. Tempo é vida.

Faça do seu desfile o desfile dos dons do Espírito e
          Será Feliz!

326º dia

Estabeleça sempre pontes entre você e os parentes e amigos. Não os deixe separados por abismos.
Assim
Será Feliz!

327º dia

Procure aceitar-se e perdoar-se por ser às vezes trovão, tempestade e raio. Lembre-se de que também muitas vezes você é um belo, colorido e iluminado arco-íris. E
Será Feliz!

328º dia

Em qualquer idade você pode modificar seus pensamentos, que redundarão em novos sentimentos, novas ações, num ser humano novo, e você

Será Feliz!

329º dia

Desperte, como objetivo, uma nova consciência.

Desperte uma nova consciência do corpo.

Desperte uma nova consciência da mente.

Desperte uma nova consciência do coração e da alma. E assim
Será Feliz!

330º dia

Olhe-se no espelho.

Assuma aqui e agora na sua imaginação a forma bonita do seu corpo.

Depois procure enxergar sua verdadeira aparência.

Veja como se veste, como se movimenta.

Olhe-se nos olhos e diga:

Sou belo, elegante e muito amado.

Aos poucos esse pensamento se transforma em realidade e você
Será Feliz!

331º dia

Quando você ama alguém por muitos anos, até o trivial se transforma em poesia.

Mas no amor, para haver expansão, é preciso ordem.

Às vezes é preciso fechar a porta da percepção do exterior e abrir a porta da tranquilidade, da calma, para sentir a presença do silêncio do amor e enxergar o que todo sentimento humano traz.

Recomponha seus amores e você Será Feliz!

332º dia

Quando se examinar, que seja para reconhecer seus erros, e não para incidir nos mesmos – ou para destruir sua personalidade.

Depois de se examinar, fique contente. Afinal, não serão algumas folhas secas, algumas pétalas murchas, que diminuirão a beleza e o encanto dessa obra divina que é você. E assim
Será Feliz!

333º dia

Abra-se para a presença do Bem. Abra-se para a presença de si mesmo e para observar o que outros já aplicaram neles para o sucesso.

Esteja disponível para desenvolver-se e

Será Feliz!

334ª dia

Assuma a sua postura moral.
Defenda o que considera certo.
Através de suas afirmações e protestos, torne as pessoas conscientes.
E assim
>> Será Feliz!

335º dia

Crianças, jovens, adultos, maduros – todos têm que ter obrigações diárias, ocupando-se a maior parte do dia.

Mantenha-se sempre ativo, consciente de suas obrigações e da importância delas para você e para os demais e

Será Feliz!

336º dia

"Os meus direitos terminam onde os dos outros começam."

Ponha em prática essa frase tão conhecida e

Será Feliz!

337º dia

Não deixe os outros cuidarem de tudo.
Isso atrofia sua autoafirmação, diminui sua autoestima.
Ative sua autoconsciência.
Ative sua autovalorização.
Esse é o caminho certo e você Será Feliz!

338º dia

Quando você sente Deus em si e o transmite ao próximo significa que está cumprindo sua missão. Seja essa a sua meta e você
Será Feliz!

339º dia

"**O** silêncio é uma das maneiras de se fazer ouvido."

"Sou responsável por meus atos e pelo que deles resulte."

Pratique essas máximas e
Será Feliz!

340º dia

Não faça da saúde uma obsessão. Esteja atento com o bem-estar da alma, do qual resulta o do corpo. Assim você Será Feliz!

341º dia

"**V**ocê é importante para você."
Coloque essa frase na sua vida.
Viva o sentido da frase.
Acreditando em si mesmo e tendo as forças divinas como aliadas, você Será Feliz!

342º dia

Você não pode existir como reflexo do amor do outro.

Você tem que ser você mesmo.

Não queira também comprar a aceitação do próximo.

Quem sabe você não esteja perdido na representação de muitos papéis e tenha esquecido de viver apenas o seu, a sua vida?

Lembre-se: o seu papel existencial é único e insubstituível. Viva-o e
Será Feliz!

343º dia

Daqui para a frente não é mais importante que os outros o vejam como artista cênico. Chega de representação!

Antes, você só era você enquanto agia como artista de circo. Só se realizava quando fazia as brincadeiras de picadeiro, como o palhaço.

Hoje, você ganhou a confiança, a segurança em você e a valorização de você.

Compenetre-se disso e
      Será Feliz!

344º dia

Não seja sério e profundo demais em tudo.

Solte-se. Sorria. Relaxe.

Não controle nem meça demais suas palavras, para que não percam a espontaneidade.

Deixe que a simplicidade de seu interior se manifeste exteriormente, livre, bem leve.

Tudo tem sua hora. Permita-se um tempo de alívio de vez em quando e
Será Feliz!

345º dia

Não há jogo de futebol sem o pontapé inicial.

O mesmo ocorre no seu produzir.

Comece a trabalhar para algo acontecer.

Por que lamentar-se pelas coisas que não aconteceram?

Agradeça a Deus as muitas coisas boas que ocorreram.

Os problemas decorrem do excesso de preocupações.

Simplicidade é marca de sabedoria. É o começar com o qual você
Será Feliz!

346º dia

Contenha seus ímpetos.
Não aja de modo agressivo nem impulsivo.
Faça da prudência sua palavra-chave. Mas ao mesmo tempo, não se deixe tolher por minúcias.
Liberte-se delas.
Seja prudentemente ativo e
        Será Feliz!

347º dia

Cuide sempre das responsabilidades que lhe cabem.
Não das dos outros.
Não se anule.
Tenha bastante equilíbrio.
Saiba programar-se; assim o tempo será suficiente para você cuidar de tudo o que quer fazer, que pode fazer e que deve fazer e
         Será Feliz!

348º dia

Modifique suas atitudes.

Em vez de procurar culpa nos outros, aprenda a amá-los e a perdoá-los.

Entre em harmonia com Deus que está no seu interior.

Transforme sua vida, antes que ela o transforme e
>   Será Feliz!

349º dia

Paciência! Paciência!

A vida pede muita paciência, e a própria conquista da paciência requer também muita paciência.

A paciência é o dom mais importante para se alcançar outras qualidades (como sensatez, prudência) e para se estar bem em sociedade, na família.

Contrários à paciência são a irritabilidade, a dispersão e a discussão.

Eis a forte Oração da Paciência de Santa Tereza:

"Nada o perturbe. Nada o espante. Tudo passa. Só Deus não muda. A paciência tudo alcança. Quem a Deus tem, nada lhe falta. Só Deus basta".

Com paciência, você
Será Feliz!

350º dia

É necessário que o mundo depois de você seja melhor. Nisso está a razão de sua vida.

Acorde! Acorde!

Acorde para amar a Deus, amar-se, servir ao irmão, ajudar a fazer da sociedade um convívio de seres amigos, dando-se as mãos em justiça, sabedoria, paz. Assim você

Será Feliz!

351º dia

Deus está em seu coração e em todos os lugares, também no seio de nossas famílias.

Maria, Mestra e Mãe, ensina a ver fundo na palavra de Deus (que é a *Bíblia*), mostrando o caminho da paz e do equilíbrio.

Hoje você está bem, com saúde, sem preocupações sérias. A gratidão invade seu ser.

Aproveite esse momento para uma pausa de reflexão, de perdão, de generosidade e você

Será Feliz!

352º dia

Saiba falar pouco e no momento exato.
Saiba igualmente ouvir e assim
Será Feliz!

353º dia

Esteja satisfeito consigo mesmo, em tudo o que faz, confiante, seguro.
Valorize-se sem exagero para não cair no orgulho e no egoísmo. E Será Feliz!

354º dia

Nunca se atrase para um compromisso.

O atraso pode ser considerado uma falta de responsabilidade, coisa nada agradável.

Além de perda de tempo, pode representar perda de informações importantes.

O dia tem 24 horas para todos: mas seu aproveitamento é tão variado entre as pessoas!

Regre suas atividades e cumpra seus compromissos sem atropelos e
Será Feliz!

355º dia

Você é livre ou quer liberdade de expressão ou de "ego"?

Num relacionamento, a falta de liberdade, o invadir o espaço do outro e o controle excessivo provêm do ciúme.

Não permita que o ciúme tolha nem a sua liberdade nem a do outro, pois sem ela não se vive nem só nem acompanhado. Guarde-se do ciúme e Será Feliz!

356º dia

Goste de viver.
Ame o útil.
Limpe e arrume seu interior, como livros em estante.
Abra seu coração, a fim de que toda energia – essência divina – para lá se canalize.
Jesus quer o seu benefício, não o seu sacrifício.
Goste de viver. Ame-se e
Será Feliz!

357º dia

Eis alguns objetivos de vida:
- Ser alvo de elevada consideração e afeto.
- Gozar de um sentimento de segurança sólido.
- Sentir-se livre de temores, de inquietações.
- Encontrar canais para manifestação de suas qualidades pessoais.
- Encontrar a força dos seus poderes criadores em sua vida diária.
- Empregar bem o tempo em suas ocupações prediletas ou em qualquer outra atividade.
- Ser amado pelos que integram seu cotidiano.
- Ter sempre novas oportunidades que lhe trarão progresso na vida.

- Estar bem consigo mesmo, com o próximo e com a sociedade.
- Sentir autoadmiração e um revigorado sentimento de firmeza.
- Sentir alegria também com a alegria dos outros.
- Orar como se tudo dependesse só de Deus, e trabalhar como se tudo dependesse só de você.
- Respeitar-se sempre.
- Tenha presente esses objetivos e Será Feliz!

358º dia

As várias fases da vida exigem cuidados, para que não se caia em desequilíbrio emocional.

Na fase de desenvolvimento é preciso crescer na dose certa. Às vezes ocorre a "euforia do alto". Lembre-se de que com o orgulho, com o egoísmo, pode-se cair das alturas para o abismo.

Na fase do amadurecimento, surge a ânsia de se chegar o quanto antes ao fim. Lembre-se: a pressa é inimiga da perfeição.

Em todas as fases, faça prevalecer o bom senso, seja moderado e
Será Feliz!

359º dia

A autocrítica é importante e saudável, mas não viva condenando-se pelo que fez, pelo que faz.

A crítica excessiva pode ser perniciosa. Seja lúcido em julgar-se e
Será Feliz!

360º dia

Veja esta frase sobre a solidão:
"A solidão não decorre do fato de não haver ninguém interessado em nós, mas da incapacidade de comunicarmos as coisas que nos parecem importantes".
(Carl Gustav Jung)

Comunique-se e
       Será Feliz!

361º dia

Tão viva é a força do pensamento, que se costuma dizer: não importa o que você sabe, importa o que você pensa.

Use dessa força, seja em proveito próprio, seja pelo bem alheio.

E assim você
         Será Feliz!

362º dia

Para se ordenar produtivamente, faça primeiro o mais importante trabalho do dia.

Realize depois os demais com calma e
>Será Feliz!

363º dia

Tudo é nada. Tudo é silêncio.
Sem Deus você não passa disso.
Diga em oração:
"*Estou contigo, ó Deus.*
Estás comigo, ó Deus.
É o tudo, substituindo o nada.
É o Deus em mim, dando-me conteúdo e força".
E você
        Será Feliz!

364º dia

Planejamento de vida em dez pontos:

- Acreditar em si mesmo.
- Amar-se acima de tudo no mundo.
- Respeitar-se assim como é.
- Manter harmonia em tudo o que compõe o seu dia.
- Viver o momento de hoje.
- Pensar na saúde no momento certo.
- Pôr-se como centro da própria vida.
- Fazer primeiro o que é importante para você.
- Libertar-se do medo, das infantilidades, do egoísmo.
- Praticar a autossuficiência, a

autoconfiança, a autoconsciência, a autoestima, a autossegurança.
Torne efetivo esse planejamento e você

Será Feliz!

365º dia

Os dez mandamentos da lei de Deus são um programa básico de vida:

- Amar a Deus sobre todas as coisas, a você e ao próximo como a si mesmo, por amor de Deus.
- Não falar o Santo Nome de Deus em vão.
- Guardar domingos e dias de festas.
- Honrar pai e mãe.
- Não matar.
- Não pecar contra a castidade.
- Não furtar.
- Não levantar falso testemunho.
- Não desejar a mulher do próximo.
- Não cobiçar coisas alheias.

Com esse programa de vida, você certamente

>Será Feliz!
>Muito Feliz!
>Muito Feliz!

DULCE SALLES CUNHA BRAGA (1924-2008) foi uma professora, política, cantora, escritora e estrela de TV brasileira. Licenciada em Línguas Neolatinas pela PUCSP e bacharel em Direito pela Universidade Mackenzie, foi vereadora, deputada e senadora pelo estado de São Paulo. Desenvolveu intensa atividade nas áreas de educação, cultura/arte e política. Conferencista das mais solicitadas, proferiu cerca de mil palestras (1943-1977) pelo país, em entidades cívicas, clubes e associações. Como parlamentar, batalhou junto ao Ministério da Educação até ver implantado o Movimento Brasileiro de

Alfabetização (MOBRAL) e o Projeto Minerva, programa educativo que era levado ao ar em cadeia nacional, logo depois de *A Hora do Brasil*. Dedicou-se à música e ao teatro lírico, e a televisão também a conheceu: produziu e apresentou o programa cultural *Literatura Brasileira na TV* (1960-1961), além de ter participado de outros programas, incluindo o período em que substituiu a apresentadora Hebe Camargo, entrevistando personagens marcantes da época. É autora de *Autores contemporâneos brasileiros: depoimento de uma época*; *A forma poética: de Camões a Guilherme de Almeida*; *ABC para você*; *ABC da democracia*; *Conceito de autoridade*; *Gramática-Índice da Língua Portuguesa*; *Gramática-Índice da Língua Inglesa*.

Este livro foi composto com
a tipografia Adobe Garamond e impresso
em papel Off-Set 63 g/m²
na Formato Artes Gráficas